幼稚園・保育園の**学びシリーズ** ①

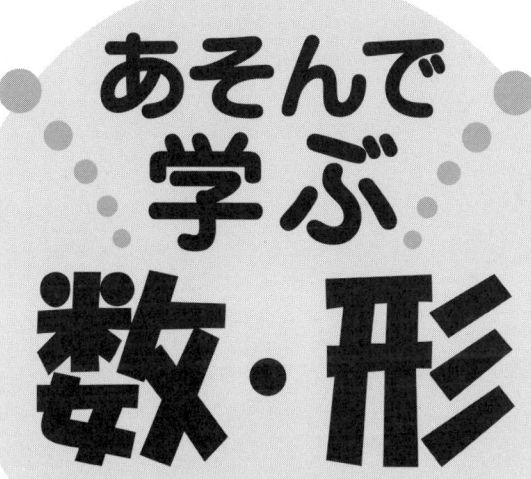

あそんで
学ぶ
数・形

グループこんぺいと 編著

黎明書房

はじめに

　幼児期の子どもに数や形の感覚を育むために最も大切なのは、保育者の意識です。
　幼児期にさまざまな物を扱い、手を動かし、体を動かすことが、数や形をイメージする力となり、小学校で算数を学ぶ基礎を作ります。園では、「算数につなげよう」「基本を身につけよう」ということを目的にするのではなく、楽しくあそびながら、子どもが数や形のおもしろさや必要性を感覚的にとらえられるようにしていきましょう。
　そのためには、保育者が学校のように「教える」のではなく、生活やあそびの中で、例えば配付物をかぞえさせる、ゲームで数を競わせるなど、子どもが何気なく数や形に触れるシーンを設定することが大事です。
　園での生活やさまざまな活動の中で、具体物を通して数や形を経験した子どもは、その経験を土台にして数や形に対しての興味を深めていけるのです。

　本書は、毎日の生活の中で、子どもたちがしぜんに数や形に関わり、楽しみながら学べる、すぐに使えるアイディアをまとめたものです。
　子どもたちのよりよい保育をめざし、実践している方たちのお役に立てれば幸いです。

CONTENTS

はじめに …………………………………………… 1

1章 毎日の生活の中で数・形の感覚を身につけよう …… 5

● 朝の会で

お休みの友だちは何人？ …………………………… 6
今日は何月何日？ …………………………………… 8

● 活動中に

時計と仲良しになろう ……………………………… 12
配る経験で数を意識しよう ………………………… 14
前から、後ろから、何番目？ ……………………… 16
「仲間分け」で片づけよう ………………………… 18

● 帰りの会で

「今日の数字」でまた明日 ………………………… 20
数・形 Q&A ………………………………………… 22

2章 あそびの中で楽しく数・形を学ぼう …… 23

● 製作あそびで数・形を学ぼう

○△□のクッキーを作ろう ………………………… 24
切手をかぞえて郵便屋さんごっこ ………………… 26

| 3 | 4 | 5 | 6 | 7 | 8 | 9 | 10 |

1つから5つになるピザを作ろう ……………………… 28
連続切りで模様の数をかぞえよう ………………… 30

● 室内あそびで数・形を学ぼう

座席切符でバスの旅ごっこ ……………………… 32
数字カードでジャンケンゲーム ………………… 34
ボーンボーンボーン 今、何時？ ………………… 36
粘土のヘビさんの長さ比べ ……………………… 38
数バスケット ……………………………………… 40
いろんな形 見つけごっこ ……………………… 42

● 外あそびで数・形を学ぼう

10まで唱えて氷とお日様のオニごっこ ………… 44
数をかぞえて買い物競争 ………………………… 46
ダーツの数字でお仕事えらび …………………… 48
しっぽはいくつ取れたかな？ …………………… 50
数字のかくれんぼ ………………………………… 52
ジャンケンでかぞえて進もう …………………… 54
人間メジャーで距離を測ろう …………………… 56
1・2・3・4かぞえて散歩 ……………………… 57

● 手・歌・言葉あそびで数・形を学ぼう

指で数を作って「ピクニック」 ………………… 58
言葉の「音」をかぞえよう ……………………… 60

手拍子いくつ？「幸せなら手をたたこう」……………… 62
最後は0になっちゃう「5つのメロンパン」……………… 64
「すうじの歌」をうたおう ……………………………… 66
「だるまさんがころんだ」でかぞえよう ………………… 68
数字を指で表そう「にとさんでにいさん」……………… 70
数・形 Q&A ……………………………………………… 72

3章 保育で使える カンタン手作り教材 ……… 73

時間でハトを出す「ハト時計」…………………………… 74
かぞえてはろう「数のおうち」…………………………… 76
長さと高さを測るマス目ものさし ………………………… 78
数字パズル ………………………………………………… 79
隠れたネコは何匹？ ちょこっとシアター ……………… 80
動物マンション どこの部屋？ ………………………… 82
数・形 Q&A ……………………………………………… 84

付録 数と形を教えるための 基礎知識 ………… 85

数と形の認識と発達 ……………………………………… 86
保育所保育指針＆幼稚園教育要領の解説 ……………… 90

1章

毎日の生活の中で 数・形の感覚を 身につけよう

毎日の生活の中のさまざまなシーンで、
何気なく触れている数・形。
ほんの少し意識するだけで、
数・形に対する子どもたちの興味を、
無理なくしぜんに引き出すことができます。

朝の会で　お休みの友だちは何人？

ねらい
- 1対1対応
- 数と数字を結びつける

毎朝の出欠調べは、数に親しんで、数の感覚を身につけるよい機会です。欠席の友だちの数をかぞえたり、その数を表す数字はどれかを数字カードで探したりするうちに、数字と実際の数がしぜんに結びつくようになります。

クラス全員で……欠席の子どもの椅子をかぞえる

椅子の数をクラスの子どもの数と同じにしておきましょう。空いている椅子をかぞえることで、お休みの友だちが何人いるかがわかります。
はじめは、欠席の子どもの椅子を前に持ってきて並べ、みんなでかぞえてみましょう。

グループで‥‥出欠の人数をかぞえる

グループ単位の出欠表をホワイトボードなどに書き、子どもたちが把握できるように、グループの人数をあらかじめ書いておきます。グループごとに出席・欠席の友だちの数を発表し、保育者はそれを表に書き込みます。

1人で‥‥欠席の人数の数字を見つける

クラス全体の欠席の人数を数字カードで表示するコーナーを作っておき、毎朝、その日の当番がカードを探して下げるようにします。
はじめは、欠席の友だちの数をみんなでかぞえてカードを選び、慣れたら当番制にしていきます。
男の子・女の子、それぞれの欠席者が何人かなど、数字カードを選ぶ機会を多くしていきましょう。

※保育者は、当番が選んだ数字カードが正しいかどうか確認しましょう。

今日は何月何日？

朝の会で

ねらい
- 数字を読む
- 数字を探す
- 数字の順番を知る

「今日は何月何日」と、数字カードを使った日めくりカレンダーで意識させるようにすると、しぜんに数字の形を覚え、数が身近なものになっていきます。また、1の次が2、2の次が3といった数字の順番もわかるように、月ごとのカレンダーも併用しましょう。

日めくりカレンダーと同じ数字を探そう

子どもたちが出席シールをはる台の前に、日めくりカレンダーを用意します。その数字を見て、出席帳の同じ数字を探し、そこにシールをはります。クラスでそろってシールをはる場合は、ホワイトボードなどに「○がつ○にち」と大きく書き、みんなで声に出して言ってから、出席帳にシールをはります。

お役立ち情報

**3歳児におすすめ！
出席帳を拡大コピー**

出席帳のその月のページを拡大コピーして目立つところにはり、裏に両面テープをはったマークを用意します。
保育者は今日の日にちの欄にマークをはります。
子どもは出席帳の同じ数字を探しやすくなり、月ごとのカレンダーの見方もわかるようになります。

1章 毎日の生活の中で数・形の感覚を身につけよう

数字を選んで、今日の日付けを知る

1～12(月)、1～31(日)の数字カードを、それぞれ別の箱に入れておきます。当番やグループごとに担当し、今日の日付けと同じ数字カードを探して、透明なウォールポケットの中に入れます。選んだカードをみんなに見てもらい、間違っていないか確認してもらってもよいです。

POINT

カレンダーの数字の読み方
保育者は「ついたち、ふつか、みっか……」などと読みますが、子どもにわかるように「いち、に、さん……」と言い直します。そのとき、「今日は、しがつ、ふつか」「よん、と、に、だね」と、数がわかるようにします。

次に続くよ

楽しい行事まであと何日？
減っていく数を実感しよう

お誕生日会や遠足、運動会など、子どもたちが心待ちにする楽しい行事は、月ごとのカレンダーにしるしをつけ、その日まであと何日かをみんなでかぞえます。だいたい5〜10日くらい前にかぞえ始めるようにし、減っていく日数が実感できるようにしましょう。
例えば、運動会まであと何日か、手や机をたたいたり、タンバリンをたたいたりして全員でかぞえます。

※カレンダーにしるしをつけるときは、子どもたちがわかるように、大きくはっきりと示します。

1章 毎日の生活の中で数・形の感覚を身につけよう

カウントダウンカレンダーを作ろう

10、9、8……と、だんだん小さい数になっていく日めくりカレンダーを作ります。毎日めくっていくうちに、だんだん小さい数になり、行事までの日数が少なくなっていくことに気づきます。

簡単手作り 日めくりカウントダウンカレンダー

お楽しみの日を台紙などに、例えば「きょうは　うんどうかい！！」のように書いておき、その上に「1にち」〜「10にち」まで書いた紙を順にはります。毎日1枚ずつめくっていきましょう。紙をずらすように重ねてはっておくと、紙の数をかぞえても、あと何日かを知ることができます。

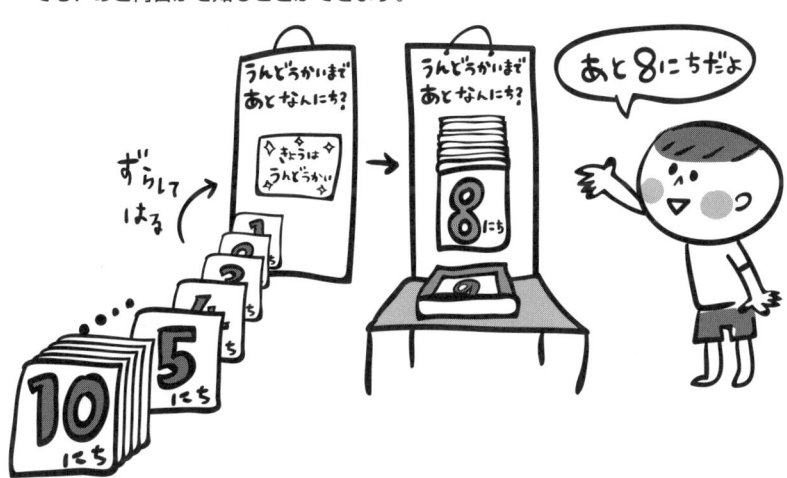

お役立ち情報

毎月のカレンダーを作ろう

あらかじめ、数字カードとカレンダーの枠を作っておき、毎月1回、クラス全員で月ごとのカレンダーを1枚作ります。1〜12(月)、1〜31(日)の数字を、子どもたちが1人ずつ選び、カレンダーの枠の中にセロハンテープを輪にしたものを使ってはっていきます。枠はしっかりした台紙で作り、台紙と数字カードはセロハンテープでコーティングしておきます。繰り返しはったりはがしたり、毎月使うことができます。

活動中に 時計と仲良しになろう

- 時間の感覚を身につける
- 数字を読む
- 数字の順番を知る

保育の中に時計を取り込んでいくと、時間の感覚がしぜんに身につき、数字にも関心を示すようになります。時間の経過の理解にはアナログ時計、数字の読みにはデジタル時計が、子どもにはわかりやすいようです。両方用意しておくとよいですね。

ステップ1 …… 時計の長い針を見よう

「時計の長い針が6のところまできたら、お片づけをしよう」というように声をかけ、最初は長い針だけ見るようにします。これなら3歳児でもOKです。

数字のそばに目印のシールをはる
数字が読めなくてもわかるように、例えば「長い針が6のところまできたら……」と声かけするときに、「6」のそばにシールをはって見せます。針が「6」のところにきたら、シールははがします。

長い針をマーキング
長い針そのものにシールやカラーテープをはって、短い針と区別しやすいようにします。

お役立ち情報

おもちゃの時計を並べて
針が動くおもちゃの時計を、本物の時計の横に置いておきます。
例えば9時50分からお片づけで、時計が9時半を指しているときに、おもちゃの時計を9時50分にし、「長い針が10のところまできたら、お片づけスタートよ」と、本物の時計の針とおもちゃの時計の針を見比べられるようにします。

ステップ2 ‥‥ 長い針と短い針の両方を見よう

長い針を見ることに慣れてきたら、短い針にも注目させましょう。まずは1時、3時のように長い針と短い針がわかりやすい時間を見るようにします。それに慣れたら、長い針が6を指す1時半、3時半などがわかるようにします。

時計を作ろう

保育者は、厚紙で時計の台、長針と短針（台と針は色を変える）を、画用紙で1～12までの丸い数字カードを、子どもの人数分作ります。針は台に割りピンでとめておきます。

子どもは、本物の時計を見ながら、数字カードを順番に並べ、時計の台にはっていきます。

12、3、6、9の数字を保育者があらかじめ書くか、数字カードをはっておき、抜けている数字を子どもたちがはってもよいでしょう。

時計の針を動かしてみよう

- 保育者が数字を言って、子どもが短い針だけを動かします。
- わかりやすい時間を、長い針と短い針で示します。起きる時間「6時」、おやつの時間「3時」など、子どもの生活で必要な時間を、針で示してみましょう。

1 2 3 4 5 6 7 8

活動中に

配る経験で数を意識しよう

ねらい
- 1対1対応
- 数の多い少ないを知る

毎日の園生活の中で、教材やお手紙、給食など、物を配るシーンは多々あります。数をかぞえながら1人ずつに配り、「ちょうど」「足りない」「多い」を体験することは、1対1対応を知る絶好のチャンスです。このような体験を多くさせましょう。

意図的に少なくしたり多くしたりしよう

保育者が用意した配付物を子どもたちが配りますが、保育者は意図的に「足りない」「多い」状況にします。子どもが配ったら、「足りなかったね」「いくつ足りないの？」「いくつ多いの？」などと聞いて、実際にかぞえさせるようにしましょう。

「ボクのない」

「いくつ足りないの？」

「けんたくんのがないからひとつ！」

1章 毎日の生活の中で数・形の感覚を身につけよう

自分でかぞえて配る

グループごとに、当番1人が人数をかぞえ、保育者に必要な数を申告します。保育者は、申告された数を当番と一緒にかぞえて渡します。

慣れたら、クラス全員分の配付物の中から、自分のグループの必要数をかぞえて配るようにします。間違えずに配れたら「パンダグループ、ピンポーン！」と、グループみんなで言いましょう。

お役立ち情報

おやつを取ってね

おやつの時間には、テーブルにおやつと一緒に数図カードや数字カードを置いておきます。子どもたちはそこに示された数と同じ数だけ、おやつを自分の皿に取ります。
はじめは数図カード、慣れたら数字カードにしていきましょう。

※数図カード＝数を図で示したもの。

活動中に 前から、後ろから、何番目?

ねらい
- 数を唱える
- 数字の順番を知る
- 位置関係を把握する

集会や体操などでみんなが並んだときや、毎日使うロッカーや靴箱などを利用して、位置関係が認識できるようにしましょう。「○○くんは、前から3番目」「○○くんの靴は、下から何番目?」のように、位置関係を意識させる言葉かけをします。

並んだら数を唱えよう

保育者が並んでいる子どもを前から順に、軽くタッチしながら「1、2、3……」とかぞえ、子どもたちも一緒に数を唱えます。並ぶたびに数を唱えていると、数の順番がしぜんにわかってきます。慣れてきたら、子どもたちだけで前から順に番号を言うようにしましょう。

ゲームで数字を並べよう

2人で競争します。1〜10の数字カードを色違いで2組用意し、床にばらばらに置きます。「よーい、どん」の合図で同じ色の数字カードを集め、1〜10まで早く正しく並べたほうが勝ちです。チーム対抗戦で10人ずつの2チームに分かれ、「よーい、どん」の合図で1人1枚チームの色の数字カードを取り、チーム全体で1〜10まで早く正しく並べたほうが勝ちとしても楽しいです。

1章 毎日の生活の中で数・形の感覚を身につけよう

ロッカーで上下左右の位置関係を理解させよう

まずは、ロッカーを使って左と下からかぞえる練習をします。上下はすぐにわかりますが、左右は難しいので、ロッカーの左の上に縫いぐるみなどの目印を置くとよいでしょう。
縦の列、横の段がそれぞれいくつもある場合は、左からかぞえた数字と下からかぞえた数字をはっておきます。

何が入っているかな？ あてっこゲーム

ロッカーに、クレヨン、粘土、本、ブロックなどを入れます。「クレヨンは左から何番目？下から何番目？」などとたずね、子どもたち全員で声に出して答えることを繰り返します。

ゲーム開始
① 「ひだりから1ばんめ、したから1ばんめ」のように、位置を指定する問題を紙に書き、箱に入れておきます。
② 子どもたちはグループで1枚ずつ紙を取り、ロッカーの指定された位置を確認し、何が入っているかを言います。

お役立ち情報

3歳児は4つの部屋あそび
同じ大きさの段ボール箱を4個組み合わせて「4つの部屋」を作り、それぞれの部屋に縫いぐるみや積み木などを入れておきます。上、下、左、右を意識させるように、「縫いぐるみが入っているお部屋はどーこだ？」「下の左かな？ 右かな？」と、お部屋を「あてっこ」してあそびます。「ギーギーッ」と言いながら段ボールの扉をゆっくり開けると、子どものわくわく感が高まります。

活動中に

「仲間分け」で片づけよう

ねらい
- 仲間分け（分類）
- 数字の順番を知る
- 数と数字を結びつける

片づけのときは、保育者が率先して数をかぞえたり、仲間別にまとめたりしましょう。保育者と一緒に片づけているうちに、子どもたちの分類する力や数や形に注目する力が育ちます。

グループ別に片づけ当番表を作ろう

おもちゃ・絵本・ブロック・ままごと道具などの「今月のお片づけ当番」をグループごとに決めます。当番のグループは責任をもって片づけ、保育者はそのあと、ちゃんと片づけられているかを確認します。

子どもが分類できるようにしておこう

保育者は子どもたちが分類しやすいように、そして次にあそぶときにわかりやすいように、工夫をしましょう。

● ブロックは小さな箱を利用し、色別に分けて片づけられるようにします。

● 絵本は子どもたちと一緒に大きさ別に分類し、背表紙に番号シールをはります。

● ままごと道具などをしまう箱には、「おさら5まい」というように、その箱にしまう物の絵と数を表示しておくと、片づけやすくなります。

帰りの会で「今日の数字」でまた明日

ねらい
- 数と数字を結びつける
- 数を唱える

帰りの会のときに「今日の数字」を提示し、ちょっとしたあそびで数と触れ合って、元気よく「さようなら」をしましょう。明日へのつながりとしても有効です。

今日の数字を決めよう

「今日の数字はこれ！」と、当番が箱に入れた数字カードを出したり、大型サイコロを振ったり、あるいは当番や保育者が決めて、全員にわかるように示します。慣れるまでは、数図カードを使って、見た目で数がわかるようにしてもよいでしょう。

数字の数だけ手をたたいて「さようなら」

「今日の数字」までの数をみんなで1から唱えながら、手をたたきます。「大きく」「小さく」と指示を出し、大きい拍手や小さい拍手などと、変化をつけましょう。
ほかにも、「今日の数字」の数だけジャンプしたり、ケンケンしたり、「さようなら」を言ったり、日によって動作を変えると楽しいです。

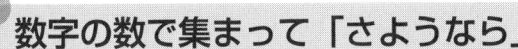

数字の数で集まって「さようなら」

保育者は「今日の数字は〜」と、数字を発表します。歌やピアノのBGMを流し、子どもたちは「今日の数字」の人数で集まります。集まったら手をつなぎ、最後に「さようならの歌」をうたってあいさつをします。
半端になる子が出る場合は、保育者が加わりましょう。

数字の数だけ発表して「さようなら」

「友だちの名前」「好きな食べ物」「今日の楽しかったあそび」など、保育者がテーマを出し、子どもたちはそれを「今日の数字」の数だけ発表します。
ほかにも「家に帰ってやるお手伝い」「明日したいあそび」などのテーマも楽しいでしょう。

数・形 Q&A

回答者：和田信行先生（東京成徳短期大学幼児教育科教授）

 Q1 幼児に数・形の指導をする場合、保育者はどのようなことに気をつければよいでしょうか？

A
数や形の学習について
幼・保→小の流れを理解しましょう

まず、「幼稚園教育要領」「保育所保育指針」「小学校学習指導要領」を読み、それぞれに求められている指導内容を理解します。小学1年生が、算数で何を学習するかがわかれば、幼・保で行うべき内容についての基本的な方針をたてることができ、子どもに対する言葉かけも、おのずと違ってきます。

数や形に興味・関心をもたせる指導計画をたてます

おはじきを使って「合わせていくつ？」、ドリル帳で「同じ形を線でつなごう」というような学習ではなく、あそびの中でどのように指導していくかを考えます。3歳、4歳、5歳と子どもの発達に応じて、系統性のある計画をたてることが重要です。

あそびの中の「学びの芽」を意識して

子どもたちに数や形について認識させる場面は、思っている以上に多いものです。あそびの中に、小学校での算数の学習につながる学びの芽があることを意識しましょう。

あそびのどのタイミングで子どもに投げかけるとよいのか、それがどう次につながっていくのかを考え、実践することは、ただあそばせているのとはまったく違います。

家庭との連携も大切です

家庭生活の中で数や形に触れる大切さを、保護者に伝えましょう。机に座って勉強させるのではなく、「みかんを3個持ってきて」「4人家族だから、みかんはいくつついる？」というような日常的な言葉かけで、数に触れる機会をたくさんもたせるとよいですね。

2章 あそびの中で楽しく数・形を学ぼう

子どもたちが日ごろ楽しんでいる
製作あそびや手あそび・歌あそび、
お店屋さんごっこなどには、何気なくあそんでいても、
数や形に出会う場面がいっぱい。
うまく活用して、興味・関心を深めましょう。

○△□のクッキーを作ろう

製作あそびで数・形を学ぼう

ねらい
- 形の名前を知る
- 形の特徴をとらえる

3歳からできる製作あそびです。厚紙で楽しくクッキー作りをしながら、○△□の形を認識していきます。作ったクッキーは丈夫なので、クッキー屋さんごっこでいつまでも使えます。

用意する物
- ○△□に切った厚紙（または薄い段ボール）
- 使えなくなったボールペンなど
- クレヨン
- 袋

※子どもたちがすでに、○△□をよく理解しているようなら、長方形や二等辺三角形なども作っておくとよいです。

こんな導入を

それぞれの形を見せて、「丸はコロコロコロ、ボールやお月様と同じ形だね」「三角はとがっている角が3あるから、三角。お山みたいね」「四角はとがっている角がいくつかな？いち、に、さん、し。そう、4だから四角。テレビや絵本と同じ形だね」など、「これは三角です」「四角と言ってごらん」と教えるのではなく、形の名前と特徴をさりげなく伝えましょう。

クッキーを作って形や数であそぼう

子どもたちに「クッキーにおいしいお砂糖をぬろう」と声をかけ、○△□の厚紙にクレヨンで色をぬります。さらに、「クッキーがおいしくなるように」と、ボールペンなどでブツブツ穴をあけます。

クッキー屋さんごっこ

①保育者は○△□のクッキーを机に並べ、クッキー屋さんになり、「違う形のクッキーを3つ買ってください」と子どもに伝えます。
②「はい、どの形ですか？ 形の名前を言ってくださいね」と促し、子どもが形の名前をはっきり言えたら、クッキーを袋に入れて渡します。

※慣れたら子どもたちで売る人・買う人に分かれてクッキー屋さんごっこをします。クッキーを形ごとに集め、買う人はどの形をいくつ買うのかをはっきり伝え、お金の代わりに買う数だけ売る人の手を軽くたたきます。

形チャンピオン

①クッキーを床に広げ、子どもたちはその周りを音楽に合わせて歩きます。
②音楽が止まったらストップ。保育者の「三角2つ！」などの指示を聞いて、その形と数のクッキーを取ります。
③みんなでちゃんと取れたか確かめて、繰り返します。取れなかった子は、輪の外に出てお休みします。
④慣れたら、「四角を1つと、三角を3つ！」のように指示を複雑にします。最後まで残った子が「形チャンピオン」です。

切手をかぞえて郵便屋さんごっこ

製作あそびで数・形を学ぼう

ねらい ●数をかぞえる

郵便屋さんの仕事を少しずつ理解しながら、はがきをかく楽しさを経験します。その中で、切手の数に注目させて、かぞえる感覚を身につけていくあそびです。

用意する物

- はがきサイズの画用紙 … 子どもの人数分
- あて名の紙（名前と出席番号を書いたもの）… 全員分
- 出席番号を書いた紙 … 全員分
- 10円切手（「10」と書いた切手サイズの画用紙）
  … 1人5枚を子どもの人数分
- のり　　セロハンテープ　　クレヨン
- 段ボールで作ったポスト … 1つ
- 配達かばん（通園バッグでもOK）

こんな導入を

- はがきには10円切手を5枚はって、ポストに入れる約束をします。みんなの見えるところに、見本を提示しておきましょう。
- 切手の枚数が間違っていると、はがきが出した人に戻ってしまうことを伝えます。
- はがきと10円切手を、自分でかぞえて取れるように机に並べます。
- あて名の紙全員分を、箱に入れておきます。
- 各自の出席番号を机にはっておきます。
- 子どもは、自分の出席番号のところに座ります。

はがきを作って数であそぼう

①はがき1枚と切手5枚をかぞえて取り、あて名の紙を1枚取ります。
②はがきの片面にあて名の紙と切手をはり、自分の名前と出席番号を書きます。名前が書けない子は、出席番号だけ書きます。
③反対の面に文字や絵をかき、ポストに入れます。

配達ごっこ

①ポストマンを1人決めます。
②ポストマンは郵便物を回収し、切手の枚数をかぞえて、間違っていたら差出人に返します。合っていたら配達かばんに入れて、あて名に書かれている子どもに配達します。
③配達されたはがきをみんなで見てみましょう。

POINT

切手をしっかり「かぞえる」ことを、繰り返し伝えましょう。切手を取ってくるとき、はるとき、はってから、はがきが来たとき、何度もかぞえるようにします。

1つから5つになるピザを作ろう

製作あそび で数・形を学ぼう

ねらい
- 物を分割する
- 1対1対応

1つの丸いピザを分けるにはどうしたらいい？ 分けたピザはどんな形？ 分けたピザを合わせると元の形に戻るのもおもしろい。切ったピザと同じ数のお皿やコップ、フォークを作って1対1対応であそんだり、パズルを楽しんだりしましょう。

用意する物
- 直径15～20cmの丸に切った画用紙…子どもの人数分 （裏に5つに切る線を書いておく）
- トッピング用の紙（色画用紙や折り紙の切れ端など）
- クレヨン　■はさみ　■のり
- 紙皿やコップ、フォークなどを作る画用紙
- オーブン（段ボール箱や戸棚などを見立てる）

こんな導入を

「どんなピザがあるかな？」「好きなピザは何？」など、ピザについてみんなで話し合ってから製作に入りましょう。
「お友だちが来たらどうしたらいいかな？」「みんなでピザを分けようね」なども、みんなで話し合っておきましょう。

2章 あそびの中で楽しく数・形を学ぼう

ピザを作ってあそぼう

①丸い画用紙の上に、好きなトッピングを選んではっていきます。
②①にピザソースをかけます（クレヨンで好きな色をぬる）。
③②のピザをオーブン（段ボール箱など）で焼きます。オーブンにピザを入れ、「1～10」までかぞえたら焼き上がり！

1対1対応させてあそぼう

①保育者は「ピザは1つだけど4人のお友だちが来るの。どうしたらいいかな？」と声をかけます。みんなの考えを聞いてから、「5人になるから5つに分けよう」とピザを裏返し、線に沿って5つに切り分けます。子どもたちも同様に切ります。
②お皿やコップ、フォークなどの小物を切ったピザの数だけ作り、かぞえながら並べます。お皿にはピザを1枚ずつ、かぞえながらのせます。
③用意ができたら、友だちを呼んで「いただきま～す」。

ピザパズルであそぼう

①5つに切ったピザをグループ全員分集め、ばらばらに並べます。
②「ピザ屋オープン！」の合図で、自分のピザを5切れすべて集めます。全員が丸いピザを早く完成させたグループが勝ちです。
※各グループの子どもの数が、同じになるように調整します。

POINT

ピザを5分割する前に、「2人で分けるときはどうする？」「4人のときは？」と問いかけ、「半分にする」「半分の半分にする」などと考えさせましょう。

1 2 3 4 5 6 7 8

製作あそび
で数・形を学ぼう

連続切りで模様の数をかぞえよう

ねらい
- 数をかぞえる
- 数が増えることを実感する

紙を何回か折って図柄をかき、その線に沿って切って広げると、連続模様ができます。折る回数やできた形の数をかぞえてみましょう。折る回数が増えると、できる形の数も増えていくことを知ります。

用意する物
- 上質紙やコピー用紙（折って8枚重なっても切れる厚さ）を帯状や正方形に切った紙
- はさみ ■セロハンテープ ■クレヨン

こんな導入を　保育者ははじめに、手品のように連続切りをやって見せ、子どもの興味を引きつけましょう。そのあとで、紙を折って切ったことを「種明かし」します。

連続模様を作ってあそぼう

帯状の連続切り（2回折り）

①帯状の紙を2回折りして広げ、いくつの部分に分かれたかかぞえます（4つ）。
②2回折りした状態に戻し、折ったところがつながるように図柄をかきます。切る前に保育者が確認します。
③図柄の線に沿ってはさみで切って広げ、形がいくつできているか、かぞえます。

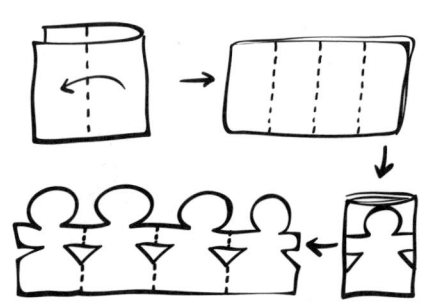

2章 あそびの中で楽しく数・形を学ぼう

帯状と正方形の連続切り（3回折り）

帯状や正方形の3回折りもやってみましょう。

こんな模様ができました

●帯状

●正方形

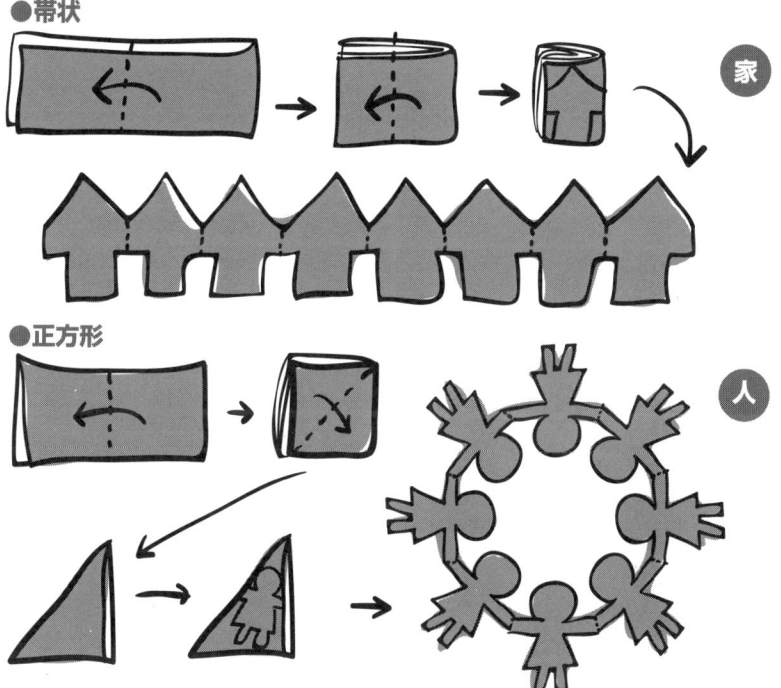

切ったものをセロハンテープで長くつなぎ、数をかぞえて比べっこをしたり、輪にして冠にしたり、いろいろな模様を組み合わせて壁面装飾をしたりしてみましょう。

POINT

- 楽しくあそびながら、「何回折ったの？」「いくつできたか、かぞえてみようか」「2回折り」「3回折り」「4個できた」「8個できた」など、数を意識できるように言葉をかけていきましょう。
- クレヨンで模様をかき足すと、楽しい作品に仕上がります。

座席切符でバスの旅ごっこ

室内あそび で数・形を学ぼう

ねらい
- 数字を読む
- 数字を探す

運転手役の保育者のアナウンスで、乗ったり降りたりするバスの旅ごっこです。子どもたちは、数字が書かれた色つきの切符をもらい、それと同じ数字と色の座席に座ります。1〜5までの数字が読めるようになるあそびです。

用意する物
- 列ごとに違う色の、1〜5の数字が書かれた切符 … 子どもの人数分
- 椅子 … (子どもの人数分+1)脚

準備
バスの座席のように、椅子を縦が5脚ずつになるように何列か並べ、背に切符と同様の番号を、右図のようにつけます。運転席用の椅子も置きます。

POINT
数字が読めなくても、同じ数字を見つければ、席に座れます。座ったあと、自分が何番の席に座っているかわかるように、保育者が声かけしてあげるとよいでしょう。

さあ、あそぼう

①子どもたちは赤グループ、黄色グループなど、切符の色別に5人までのグループになります。

②保育者は運転手さんです。運転席に座って、「○○グループさん、乗ってくださ〜い」とアナウンスします。呼ばれたグループの子どもたちは、運転手さんから切符を受け取り、切符と同じ色で同じ数字の座席に座ります。

③②を繰り返して全員が座ったら、運転手さんは「バスの旅にしゅっぱーつ！」とアナウンスして、全員で「バスごっこ」の歌をうたいます。

④歌が終わったら、運転手さんは「青の3番の切符の人、降りてくださ〜い」と次々にアナウンスし、全員降りたらバスの旅はおしまいです。

数字カードで
ジャンケンゲーム

室内あそび で数・形を学ぼう

ねらい ●数の多い少ないを知る

数字が読めるようになったら楽しめるゲームです。数字カードの数の多い少ないを考えてジャンケンの勝ち負けを決め、点数表の勝ち星をかぞえることでチームの勝ち負けを判断します。数字と数図を連動させて数を理解し、覚えることができます。

用意する物
- 1～10までの数字カード（裏に数図で数を示しておく。大きいカードのほうがわかりやすい）… 2組
- 点数表 … 2枚以上

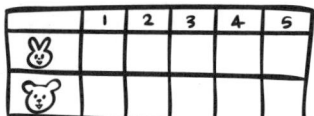

こんな導入を

ゲームを始める前に、「2と3は、どっちが多いかな？」「どっちが少ないかな？」など、みんなで数字カードを見ながら考えてみましょう。考えたら裏の数図を見て確認します。

さあ、あそぼう

① 子どもたちは2チームに分かれます。各チームが数字カードを1組ずつ持ちます。
② 1回戦は「勝ちジャンケン」。チームから1人ずつカードを1枚持って前に出ます。「ジャンケンポン！」でカードを見せ合い、多い数字を出した子の勝ち。点数表に勝ち星の●をかきます。
5人戦って、勝ち星の多いチームの勝ちとなります。
③ 2回戦は「負けジャンケン」。同じようにカードを見せ合い、少ない数字を出した子の勝ち。点数表の勝ち星の多いチームが勝ちです。
④ 最後に「勝ちジャンケン」「負けジャンケン」両方の勝ち星をかぞえ、数の多いチームが総合優勝となります。

※引き分けになったら、両チーム優勝としても、もう一度優勝決定戦を行ってもよいでしょう。

※1回戦、2回戦それぞれで、1度使った数字カードを2度3度と使うことはできません。

POINT
● チーム数を増やして、勝ち抜き戦形式であそび、「ジャンケンチャンピオン」決定戦をやっても楽しいです。

ボーンボーンボーン 今、何時?

室内あそび で数・形を学ぼう

ねらい
- 数をかぞえる
- 数字を読む

時計の鳴る音をかぞえ、時計の数字を見て何時かを知ります。1日の生活の流れを、時間に合わせて再現するあそびです。ゲームのようにあそびながら、時間に対する興味・関心を引き出していきます。

用意する物
- 針が動く大きな時計
- マット　■机　■椅子　■お風呂（段ボール箱を見立てる）

※マットや椅子、机などは保育室の片側に並べます。

こんな導入を

- 「時計って何だろう?」「時計がないとどうなる?」など、みんなで話し合ってみましょう。
- 「何時に起きるの?」「昼ごはんを食べるのは何時?」と、朝起きてからすることを整理して、このあそびでは何時にどんなことをするのか、子どもたちと相談して決めます。
- 時計の短針だけを動かして、示された時刻をみんなで大きな声で言ってみます。

生活再現の例

7時	起きる	マットの上で「おはようございます」とあいさつ。
8時	朝ごはん	椅子に座り、「いただきます」「ムシャムシャムシャムシャ」「ごちそうさまでした」とリズミカルに言って食べるまね。
12時	昼ごはん	「朝ごはん」と同じ。
1時	昼寝	マットの上で「おやすみなさい」と言って寝る。
3時	おやつ	「朝ごはん」と同じ。
6時	夕ごはん	「朝ごはん」と同じ。
8時	お風呂	段ボール箱のお風呂に入り、10かぞえて出る。
9時	寝る	昼寝と同じ。

2章 あそびの中で楽しく数・形を学ぼう

さあ、あそぼう

①子どもたちは音楽に合わせて歩いたり走ったりします。音楽が止まったらその場でストップ。

②保育者は「そろそろ時計が鳴るよ。よく聞いて、かぞえてね」と言ってから、時計の鳴る音を口でまねて、時計の針をその時刻に合わせます。

③子どもたちは時計の音が何回鳴るかかぞえ、時計を見て何時か判断し、その時間にやることをします。

④保育者は子どもたちの様子を見て再び音楽を鳴らし、子どもたちは同じように繰り返します。

POINT

● あそびに慣れたら、保育者は時計の鳴る音は言わず、「みんな、この時間ですよ」と言って、時計の針だけ動かします。

●「3時かなー、と思ったら7時」などと、針の動かし方に興味をもたせると盛り上がります。

粘土のヘビさんの長さ比べ

室内あそび で数・形を学ぼう

ねらい
- 長さを比べる
- 「長い」「短い」「太い」「細い」を実感する

みんなが同じ量の粘土でヘビを作り、だれが一番長く作れるかを競争します。長さを比べることで「長い」「短い」を実感し、「太い」「細い」という太さの違いにも気づいていきます。

用意する物
- 粘土 … 子ども全員に同量ずつ
- カラービニールテープ

さあ、あそぼう

① 子どもたちは2〜5人のグループに分かれます（各グループが同じ人数になるようにする）。「一番長いヘビを作るのはだれかな？ さあ、ニョロニョロ、スタート！」の合図で、粘土を両手の間に挟んですり合わせたり、机に置いて転がしたりしながら伸ばし、どんどん長くします。

② 「ニョロニョロ、終わり！」の合図で作るのをやめて、グループごとに集まって床にヘビを並べます。

2章 あそびの中で楽しく数・形を学ぼう

③ビニールテープでスタートラインを決め、まずはグループ内で長さを比べます。
④次にグループごとの長さを比べます。スタートラインから、グループみんなのヘビを長い順に並べてつなげます。一番長いグループがヘビチャンピオンです。
⑤最後は、どのくらいの長さになるか、全員のヘビをつなげてみます。

POINT

保育者はあえて、太さには言及しないようにします。子どもたち自身が、細くすると長くなることに気づくようにしましょう。

数バスケット

室内あそびで数・形を学ぼう

ねらい ●数と数字を結びつける

おなじみ「フルーツバスケット」を数を使ってアレンジしたあそびです。絵カードを見て、かかれている絵の数と同じ数字カードの子どもが動きます。数と数字を結びつけて理解しながら楽しみます。

用意する物
- 数字カード（1～5までの数字を書き、首から下げるひもをつける）… 1人1枚
- 絵カード（1～5の数だけ物がかかれている数図）
- 絵カードを入れる箱
- 椅子 … (子どもの人数－1) 脚

※1～5までの数字カードの子が、それぞれ3人以上いるほうが楽しめます。

こんな導入を

ゲームを始める前に、絵カードを見せながら「この絵と仲よしの数字はどれかな？」と聞いて、数字カードを選ばせます。これを繰り返す「絵カード・数字カード仲よし合わせ」をしてあそびましょう。

2章 あそびの中で楽しく数・形を学ぼう

さあ、あそぼう

準 備　椅子を輪にして並べ、絵カードを入れた箱を中央に置きます。

①子どもたちは数字カードを1枚首から下げ、絵カードを選ぶオニを1人決めます。オニは輪の中央に入り、ほかの子は椅子に座ります。

②「みんなであそぼう、数バスケット!」と全員が大きな声で言ったら、オニは箱から絵カードを1枚取り出し、「数はこれ!」と言ってみんなに見せます。

③絵カードにかかれた物の数と同じ数字カードの子は、すばやく別の椅子へ移動します。このとき、オニも空いた椅子のどれかにすばやく座ります。椅子に座れなかった子が、次のオニになります。

POINT

- 数と数字が一致していないうちは、数字カードを見せて、同じ数字の子どもが動くようにするとよいでしょう。
- 間違えて動いてしまっても細かく注意せず、楽しくあそびましょう。

いろんな形見つけごっこ

室内あそびで数・形を学ぼう

ねらい
- いろいろな形を知る
- 形の名前を知る

ふだんは気づかないけれど、三角形、四角形、円など、よく見ると生活の中にはいろいろな形があります。形を意識して周りを観察し、自分で発見することで、形への興味が深まります。

用意する物
- 形調べ表 … 1人1枚
- 形チップ（色画用紙の切れ端などで作った正三角形、二等辺三角形、正方形、長方形、円形、楕円形）… たくさん
- 机
- のり

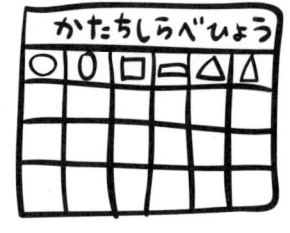

こんな導入を

正方形と長方形を見せて、「これとこれ、似ているけど同じじゃないね。どこが違うかな？」「似ているところはどこ？」と、違うところと似ているところの両方に注目させましょう。

どこが違うでしょう

たてにながいよ

2章 あそびの中で楽しく数・形を学ぼう

さあ、あそぼう

①形調べ表を1枚ずつ配ります。保育者は、机を出して形チップを入れた箱を置き、待機します。
②子どもたちは周りの物を見て形を探します。見つけたら「つくえは、ながしかく！」と保育者に言って、合っていたら同じ形のチップをもらい、形調べ表にはります。
③表が埋まってきたら、多い形、少ない形は何かみんなで発表し合い、少ない形の物を探しましょう。

POINT

- 二等辺三角形、長方形、楕円形など、正しい名前は伝えますが、難しいので、独自の名前を子どもたちと考えるとよいでしょう。

  例　二等辺三角形は「細長三角」「ぺちゃんこ三角」、長方形は「長四角」「お餅型四角」、楕円形は「卵丸」など。

- 表が埋まらない場合は、家に持ち帰って形探しをしてきてもよいでしょう。

1 2 3 4 5 6 7 8

外あそびで数・形を学ぼう

10まで唱えて氷とお日様のオニごっこ

ねらい ●数を唱える

「1、2、3……」と、オニが数を唱えている間に逃げる、オニごっこ。あそびの中で子どもがしぜんに「数を唱える」機会を、より多くしていくとよいですね。

こんな導入を

- みんなで手をたたきながら、「1〜10」をゆっくりと正確に唱えてみましょう。
- 正確に唱えられるようになったら、「1〜10」を早口言葉のように唱えてみます。
- 次にみんなで「氷」になって、「カチン！」と凍ります。「お日様が出てきたよ」の合図で、だんだん小さくなり、とけて床に寝ます。そして、「1〜10」をかぞえたら起き上がり、また氷になります。3歳児は、この繰り返しだけでも十分楽しんであそびます。

2章 あそびの中で楽しく数・形を学ぼう

さあ、あそぼう

①お日様（オニ）を1人決めます。ほかの子どもたちは氷になります。

②お日様は自分の陣地で10まで唱え、そのあと「ピカンピカン」と言いながら、ロボットのような動きで氷を追いかけてつかまえます。氷は「カチンコチン」と言いながら、同じくロボットのような動きで逃げます。お日様にタッチされたらお日様の陣地に入り、とけてフニャフニャになります。

③仲間の氷がお日様の陣地にやってきて、つかまった子どもと手をつないで一緒に10まで唱えたら、再び氷になって、お日様の陣地から出ることができます。

④保育者が決めた時間が経過したら、お日様を交替します。つかまえられてお日様の陣地にいる子どもが、次のお日様になります。お日様は複数人でもかまいません。お日様の陣地にだれもいないときは、新たにお日様を決めます。

数をかぞえて買い物競争

外あそび で数・形を学ぼう

ねらい
- 数と数字を結びつける
- 数をかぞえる

できるだけ早く正確に物をかぞえることがポイントになる競争です。かぞえる物は、いろいろな形態の物を用意し、子どもたちのかぞえる経験を増やします。

用意する物
- 1～5までの数字カード（数図つき）
- かご … チーム数分
- かぞえる物（ブロック、ハンドタオル、スモック、石、チェーンリング、クレヨン、えんぴつ、ままごと道具など）… 各5個以上
- シート
- 机

準備

スタートラインから少し離れたところに、数字カードを1枚ずつ入れたかごを置きます。さらにその先にシートを敷いて、「かぞえるコーナー」を設定。かぞえる物を置きます。折り返し地点に机（シートでも可）を置き、「チェックマン」（保育者）が待機します。

2章 あそびの中で楽しく数・形を学ぼう

さあ、あそぼう

① 子どもたちはチームに分かれてスタートラインに並び、「よーい、どん」の合図で先頭の子がスタートします。
② かごを1つ取り、「かぞえるコーナー」まで行きます。
③ かごの中の数字カードの数字を確かめ、その数だけ好きな物（違う種類の物でもOK）をかごの中に入れます。
④「チェックマン」のところにかごを持っていき、カードの数字と入れた物の数が一致しているか確認してもらいます。間違っていたら、「かぞえるコーナー」に戻ってやり直します。
⑤「チェックマン」のOKをもらったら、かごを元の場所に戻してスタートラインに戻り、次の子にタッチします。

※チェックマンは、子どもが持ってきたかごの中身の数を確認したら、別の数字カードに入れ替えます。かごの中に入っていた物は、ゲーム中に保育者が「かぞえるコーナー」に戻します。

⑥ 全員が早く終わったチームの勝ちです。

POINT
- 子どもたちの理解度に合わせて1～10までの数字カードにしてもよいでしょう。
- 間違えた子には、チェックマンが数図を一緒にかぞえ、「いくつ足りない」「いくつ多い」に気づかせます。

ダーツの数字でお仕事えらび

外あそび で数・形を学ぼう

ねらい
- 数字を読む
- 数と数字を結びつける
- 数をかぞえる

地面にかいたダーツの的のような円に石を投げて、入ったところの数字を読み、その数によって、決められた「お仕事」をします。

用意する物
- ■石 … チーム数分
- ■的（白線や水で地面にかく）

※投げやすいように、できるだけ平たい石を用意します。

準備
チームに分かれ、石に自分たちのチームマークをつけておきます。
ダーツの的のような円を地面にかきます。

例えば
1回目＝2分割で「2」「3」
2回目＝4分割で「1」「2」「3」「4」
3回目＝6分割で「1」「2」「3」「4」「5」「6」

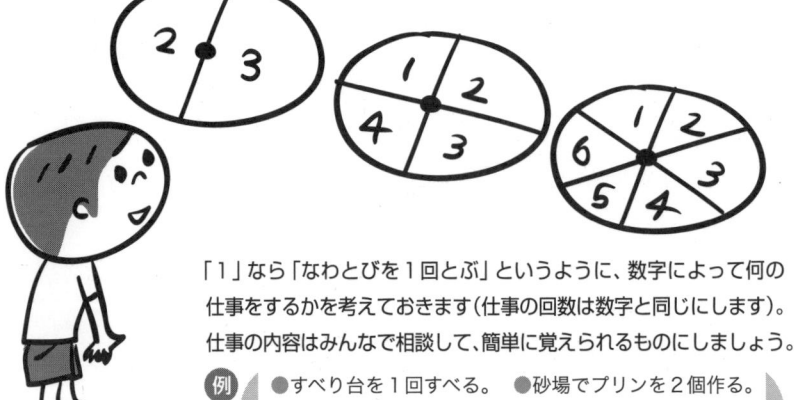

「1」なら「なわとびを1回とぶ」というように、数字によって何の仕事をするかを考えておきます（仕事の回数は数字と同じにします）。
仕事の内容はみんなで相談して、簡単に覚えられるものにしましょう。

例
- すべり台を1回すべる。
- 鉄棒に3回ぶら下がる。
- ブランコを5回こぐ。
- 砂場でプリンを2個作る。
- けんけんを4回する。
- ボールを6回つく。　など

2章 あそびの中で楽しく数・形を学ぼう

さあ、あそぼう

① チームから1人ずつ出て、的に向かって石を投げます。

② 石が入ったところの数字と「お仕事」の内容を言って確認し、その仕事をします。仕事をしながら、大きな声で数をかぞえます。

※石は保育者が回収し、次の子に渡しておきます。

③ 仕事が終わったら戻って次の子にタッチし、次の子が同じように繰り返します。全員が仕事を早く終えたチームの勝ちです。

POINT

● 石を投げるときは、うまく的に入るように、加減して投げるよう指導します。
● 同じチームの友だちが数をかぞえながら仕事をしているときは、ほかの子どもたちも一緒に数をかぞえます。

しっぽはいくつ取れたかな？

外あそび で数・形を学ぼう

> **ねらい**
> - 数をかぞえる
> - 1対1対応

しっぽ取りの勝敗を判定するときに1対1対応で比べ、子どもたちがどちらがいくつ多いか少ないかを確認できるようにします。自分たちのあそびの勝ち負けを決める中で、数がいかに重要かを知り、数を身近に感じるようになります。

用意する物
- しっぽ（傘を入れるビニール袋などに空気を入れて結ぶ）…参加人数より多め

準 備
- しっぽはズボンやスカートのウエスト部分のゴムに挟むか、ガムテープで留めるかしますが、全員が同じ方法でつけるようにします。
- 2チームの陣地を向かい合わせに決め、ラインを引いておきます。

POINT

- しっぽにはチーム別に、ストライプや水玉などの模様をかいておきます。
- しっぽはリボンやロープのようなひも状の物でもOK。
- 勝ったチームには、首に「ごほうびペンダント」などをかけてあげましょう。

2章 あそびの中で楽しく数・形を学ぼう

さあ、あそぼう

① 子どもたちは2チームに分かれ、それぞれのチームの模様のしっぽをつけて、自分のチームの陣地のライン上に並びます。

② 「よーい、どん」の合図で、子どもたちは相手チームのしっぽを取りにいきます。しっぽを取られた子は、自分の陣地に戻って応援します。しっぽを取った子は、取ったしっぽを持ったまましっぽ取りを続けます。

③ 「しっぽ取り終わり」の合図で終了し、チームごとに取ったしっぽを中央に並べます。子どもたちは自分の陣地のライン上に並びます。

④ 保育者が両チームのしっぽを1つずつ取り上げ、1対1対応させながら、全員でゆっくり大きな声でかぞえます。どちらのチームのしっぽがいくつ多かったのか確認し、多く取ったチームの勝ちとします。

1 2 3 4 5 6 7 8

外あそびで数・形を学ぼう

数字のかくれんぼ

ねらい
- 数字の順番を知る
- 数字を読む

園庭の遊具や木の陰などに隠された数字カードを、チームの仲間と協力して探します。見つけたカードを順に並べていく中で、1～10までの数字の順番を知り、数字を読む力がついていきます。

用意する物
- 1～10までの数字カード（緑色、灰色、茶色など、園庭に隠しやすい色にする）… 1セット以上

さあ、あそぼう

①子どもたちは、数字カードを隠すチーム・探すチームに分かれます。

②隠すチームは、カードを低い木の上やしげみの中、砂場の中、遊具の陰など、できるだけ目立たない同系色のところに隠します。

③探すチームは、隠すチームから合図があるまで保育室などで待ちます。

2章 あそびの中で楽しく数・形を学ぼう

④隠すチームがカードを隠し終えて「もういいよ」などの合図を出したら、探すチームは園庭に出てカードを探します。見つけたら、色別にまとめておきます。

⑤カードがある程度見つかったら、チームのみんなで相談しながら色別に順に並べます。抜けているカードがあったらもう一度探し、全部そろったら、全員で大きな声で1から10まで言って、隠すチームと探すチームを交替します。

POINT

探すチームの様子を見て、なかなか見つけられないようなら、隠すチームが「砂場のあたりに1枚隠れています」など、エリアを示すヒントを出すようにしましょう。

ジャンケンでかぞえて進もう

外あそびで数・形を学ぼう

ねらい ●歩数をかぞえる

「パーなら5歩」「チョキなら2歩」などと勝ったときに進める歩数を決めて、保育者対子ども全員でジャンケンをします。楽しくあそびながら、歩数のかぞえ方を知ります。

用意する物
■グー、チョキ、パーの大きなペープサート（うちわなどを利用してもよい）

準　備
●向かい合わせに陣地のラインを2本引いておきます。
●はじめに子どもたちと相談し、「パーは5歩」「グーは3歩」「チョキは2歩」などと、勝ったときに進める歩数を決めておきます。

さあ、あそぼう

①子どもたちは自分たちの陣地のライン上に並び、保育者はジャンケン用のペープサートを持って反対側の陣地のライン上に立ちます。
②保育者（ペープサートを出す）対子ども全員で、ジャンケンをします。

2章 あそびの中で楽しく数・形を学ぼう

③保育者に勝った子は、出したジャンケンによって、決めた歩数だけ前進します。負けた子はその場にとどまります。あいこの子は、勝ち負けが決まるまで保育者とジャンケンを続け、その間、ほかの子はその場にとどまります。

> **例** 保育者がグーを出したとき、パーを出して勝った子は5歩前進。チョキを出して負けた子はそのまま。グーを出してあいこだった子は、勝つか負けるかするまでジャンケンを続けます。

④だれかが保育者の陣地に入ったら、ゲームは振り出しに戻ります。保育者の陣地に1番に入った子が、保育者の代わりになって同じように始めます。

POINT
● ジャンケンに勝った子が進むときは、保育者が「せーの！」と声かけし、一斉に進みます。ほかの子どもたちも全員で、大きな声で「1、2、3……」と歩数を一緒にかぞえて確認しましょう。

人間メジャーで距離を測ろう

外あそびで数・形を学ぼう

ねらい ● 人数の多少で距離を実感する

「遠い」「近い」という距離を表す概念は、子どもたちには感覚的にしか理解できていません。実際に距離を人の数で換算して比べ、距離に対する興味へと導きましょう。

さあ、あそぼう

みんなで両手を横にまっすぐのばして、距離を測る「人間メジャー」になります。「靴箱から鉄棒までは、何人だと思う？」「鉄棒からすべり台までは？」と、みんなで予測をしてから並び、実際の人数をかぞえます。

POINT

- 「靴箱から門までは10人。靴箱から砂場までは5人。靴箱から歩くと、門と砂場のどっちが近い？」「遠いのはどっち？」など、比べることもしっかりとやっていきます。
- 人数の多い・少ないと、距離の遠い・近いが子どもたちの中でうまく結びつくよう、「5人よりも10人で手をつないだほうが、遠くまで行けるね」などの言葉かけをしましょう。

2章 あそびの中で楽しく数・形を学ぼう

外あそび で数・形を学ぼう

1・2・3・4かぞえて散歩

ねらい ● 数をかぞえる

途中で出会ったり、見つけたりした物をかぞえながら散歩をしましょう。かぞえる物を決めておき、見つけたら立ち止まって、保育者が指で数を示します。

さあ、あそぼう

目的地に着くまでに、「電信柱は何本ある？」「バスは何台通った？」「信号はいくつ？」など、いろいろな物をかぞえながら散歩します。
ほかにも、ベビーカー、イヌ、郵便ポストなどもかぞえてみましょう。

> ネコ 2ひきめ だね

> 3つめの ポスト

POINT

見つけたときに、「これでネコが2匹になったね」などと、保育者が数を確認しましょう。

1 2 3 4 5 6 7 8

手・歌・言葉あそびで数・形を学ぼう

指で数を作って「ピクニック」

ねらい ●指で数を表す

物の数を表したり、かぞえたりするのにとっても便利な手の指。その指で1〜5までの数を表しながらうたいます。指1本は数の「1」、指2本は「2」……ということを、はじめにきちんと伝えましょう。

こんな導入を

指を1本立てて「これは1、つまようじになっちゃいます」、手をパーにして「これは？」「そう、5です。お皿になっちゃいます」などと、1〜5まで指で示しながら、数との関係を意識させます。子どもたちも一緒にやってみましょう。

♪「ピクニック」作詞/不詳　アメリカ民謡

1 と 5 で たこやき たべて　2 と 5 で ヤキソバ たべて
3 と 5 で スパゲティ たべて　4 と 5 で カレーライス たべて
5 と 5 で おにぎり つくって ピクニック ヤッ

2章 あそびの中で楽しく数・形を学ぼう

うたってあそぼう

① ♪1と5で たこやきたべて
右手はひとさし指を立ててつまようじに見立て、左手はパーでお皿にして（左手は④まで同じ）、たこやきを食べる動作。

② ♪2と5で ヤキソバたべて
右手はチョキにしておはしに見立て、ヤキソバを食べる動作。

③ ♪3と5で スパゲティたべて
右手は3本の指を立ててフォークに見立て、スパゲティを食べる動作。

④ ♪4と5で カレーライスたべて
右手は親指を曲げてそれ以外の4本の指をスプーンに見立て、カレーライスを食べる動作。

⑤ ♪5と5で おにぎりつくって
両手でおにぎりを作る動作。

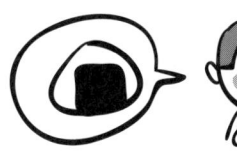

⑥ ♪ピクニック ヤッ
元気よく足踏みして、「ヤッ」でこぶしを高く振り上げる。

POINT
- うたうときは数字を強調し、数を示した指をしっかりと子どもたちに示してから、指をつまようじやお皿などに見立てます。
- 子どもたちに好きなメニューをリクエストしてもらってうたうと、さらに盛り上がります。

手・歌 言葉あそび で数・形を学ぼう

言葉の「音」をかぞえよう

ねらい ●言葉の音の数をかぞえる

身近な言葉がいくつの音でできているか、1音1音かぞえてみましょう。「あさ」「くるま」「なかよし」など、1〜5音の言葉をたくさん集めてみると、言葉はいくつかの音でできていることがわかります。

用意する物 ■ホワイトボード ■水性ペン

こんな導入を 自分の名前がいくつの音でできているか、1人ずつ名前を言いながら指を折ってかぞえます。子どもたちの中で、「音の少ない名前」「音の多い名前」など、ホワイトボードに保育者が書き出して整理します。

POINT

「今日のお天気は、2つの音の言葉です！何だろう？」「好きな食べ物の名前の音は、いくつかな」など、いろいろな場面で「言葉の音の数」を意識させる言葉かけをしましょう。

2章 あそびの中で楽しく数・形を学ぼう

さあ、あそぼう

言葉集め

子どもたちは、1～5音までの言葉をたくさん発表し、保育者はホワイトボードに書き出します。

例
1音＝め(目)　か(蚊)　き(木)
　　ち(血)　け(毛)　は(歯)
　　え(絵)　て(手)
2音＝かき(柿)　イヌ　くち
　　えき　はな(花・鼻)
　　した(下・舌)
　　とぶ　いく(行く)
3音＝はなび　トマト　たまご
　　おばけ　やさい　ごはん
　　たべる　あそぶ　きれい
4音＝たいやき　オムレツ
　　なかよし　カマキリ
　　いそいで　かわいい
　　やさしい　ころがる
5音＝いなりずし　すべりだい
　　だんごむし　ようちえん
　　ほいくえん　かんがえる

「しりとり」を考えよう

「2音の言葉しりとり」「音が増えていくしりとり」など、テーマを決めてしりとりをします。

※名詞にこだわると難しくなるので、おもしろい言葉を作りながらやってみましょう。

例
「2．2．2．2．2」
　イヌ→ぬま→まり→リス→
　すず→ずる→るす
「2・3・2・3」
　かき→キツネ→ネコ→こども
「1・2・3・4・5」
　け→ける→るす(留守)か→
　かんけり→リスがいた

手拍子いくつ？
「幸せなら手をたたこう」

手・歌・言葉あそび で数・形を学ぼう

ねらい
- 数と数字を結びつける
- 動作をかぞえる

おなじみの「幸せなら手をたたこう」の歌に、「かぞえる」要素をプラスして、手拍子などの動作をかぞえます。歌に合わせて楽しくリズムをとっているうちに、目に見えないものをかぞえる力がしぜんに育まれます。

こんな導入を

数字を見て、その数だけ手をたたきましょう。例えば「2」の数字カードを見せて、「いち、に、と2回手をたたきますよ」と言って、タン、タンとたたきます。

♪「幸せなら手をたたこう」 作詞／木村利人　アメリカ民謡

1. しあわせなら てをたた こう　しあわせなら てをたた こう
2. しあわせなら あしならそう　しあわせなら あしならそう
3. しあわせなら かたたた こう　しあわせなら かたたた こう
4. しあわせなら ほっぺたた こう　しあわせなら ほっぺたた こう

わせならたい どで しめそうよ ほら
{ しあ

みんなで てをたた こう
みんなで あしならそう
みんなで かたたた こう
みんなで ほっぺたた こう

2章 あそびの中で楽しく数・形を学ぼう

うたってあそぼう

保育者は、あらかじめ子どもたちに「先生が、例えば2を出したら、2回手をたたくよ」などと説明しておきます。

1番

保育者はうたう前に2のカードを出す。

♪しあわせならてをたたこう ✝✝
　しあわせならてをたたこう ✝✝
　しあわせならたいどでしめそうよ
　ほらみんなでてをたたこう ✝✝

みんなで一緒にうたい、✝のところで「いち、に」と言いながら2回手をたたく。

2～4番

保育者は、1番と同様に数字カードを出し、「4回足をならすよ」などのように回数と動作を指示する。子どもたちは、✝のところで「いち、に、さん、し」などと言いながら、指示どおりに動作をする。

● **こんな動作もやってみましょう。**
「頭なでよう」「鼻ならそう」
「胸たたこう」「ジャンプしよう」
「床をたたこう」など。

POINT

- ユーモラスな動作を考えておくと、いっそう楽しくなります。
- かぞえるときは、ゆっくりと全員そろって言うようにし、動作のあとの続きの歌詞がすぐうたえるように、保育者も一緒にうたいましょう。

最後は0になっちゃう「5つのメロンパン」

手・歌・言葉あそび で数・形を学ぼう

ねらい
- 数の減少を知る
- 0の意味を知る

5つあったメロンパンが1つずつ減り、最後はなくなってしまいます。子どもと一緒に繰り返しうたうことで、メロンパンがなくなった状態が「0」だということを、感覚的に理解できるようになります。

こんな導入を

指の動きでメロンパンが減っていく様子を見せましょう。「右手のひとさし指、1がお客さん。左手の1、2、3、4、5の指が、5つのメロンパンです」「はい、メロンパンを1つ買いました」「メロンパンは1、2、3、4。4つになりました」などと、指を大きく広げてわかりやすいように動かします。

メロンパンを1つ買いました

「5つのメロンパン」　訳詞／中川ひろたか　イギリスのあそび歌

1. パンやにいつつの
2. パンやによっつの
3. パンやにみっつの
4. パンやにふたつの
5. パンやにひとつの
6. パンやにぜろこの

メロンパン　ふんわりまるくて　おいしそう　こどもがおみせに　やってきて

1.～5.「おばさん、メロンパンひとつちょうだい」「はい、どうぞ」　メロンパンひとつ　かってった

6.「おばさん、メロンパンひとつちょうだい」「もうないの」　メロンパンかわず　かえってった

2章 あそびの中で楽しく数・形を学ぼう

うたってあそぼう

① ♪パンやにいつつのメロンパン
左手の指を5本立てる。

② ♪ふんわりまるくておいしそう
両手でもくもく丸を描き、ほっぺに両手をあてニッコリ。

③ ♪こどもが おみせにやってきて
左手は指を5本立て、右手はひとさし指を立てて、左手のほうへ寄せる。

④ ♪「おばさん、メロンパン ひとつちょうだい」「はい、どうぞ」
右手のひとさし指が左手に話しかけるようにする。

⑤ ♪メロンパンひとつ かってった
左手の親指を曲げ、指を4本立てる。右手は左手から離れる。

※2番以降は、歌詞の中のメロンパンの数に合わせて、左手の立てる指の数を減らします。

6番　5小節目〜

① ♪こどもが おみせにやってきて
左手はグーにする。右手はひとさし指を立てて、左手のほうへ寄せる。

② ♪「おばさん、メロンパン ひとつちょうだい」「もうないの」
左手のグーを左右にふる。

③ ♪メロンパンかわず かえってった
右手は左手から離れる。

「すうじの歌」をうたおう

手・歌・言葉あそびで数・形を学ぼう

ねらい
- 数字を読む
- 数字の形に興味をもつ

みんなで「すうじの歌」をうたいながら、数字の形に興味をもち、読み方を覚えます。さらに、絵の中に隠れている数字を探すことで、子どもたちは数字の形を注意して見るようになります。

用意する物
- 1～10番までの歌詞に出てくる物の絵（工場の煙突やガチョウ、赤ちゃんの耳など）

こんな導入を

「♪すうじのいちはなーに こうばのえんとーつ（もくもく）」とうたって、工場の煙突の絵を見せ、「数字の1はどこに隠れているかな？」「ここだね」と言って、絵の中に「1」を書きます。子どもたちにも指で数字を書く動作をさせます。「2」以下も同様にします。

「すうじの歌」 作詞／夢虹二　作曲／小谷肇

1. すうじの いちは なーに　こうばのえんとーつ もくもく
2. すうじの にーは なーに　おいけのがちょーう ガァガァ
3. すうじの さんは なーに　あかちゃんの おみーみ ふむふむ
4. すうじの よんは なーに　かかしのゆみーや ビュンビュン
5. すうじの ごーは なーに　おうちのかぎーよ ガチャガチャ
6. すうじの ろくは なーに　たぬきのおなーか ポンポン
7. すうじの しちは なーに　こわれたらっぱ ブーブー
8. すうじの はちは なーに　たーなのだるーま アップアップ
9. すうじの きゅうは なーに　おたまじゃくーし チョロチョロ
10. すうじの じゅうは なーに　えんとつとおつきさま おしまい

2章 あそびの中で楽しく数・形を学ぼう

うたってあそぼう

「絵の中に数字が隠れているからよく見てね」と子どもの興味を引いて、指で数字を書きながらうたいます。

♪すうじのいちはなーに
　こうばのえんとーつ　（もくもく）
1 ➡

♪すうじのにーはなーに
　おいけのがちょーう　（ガァガァ）
2 ➡

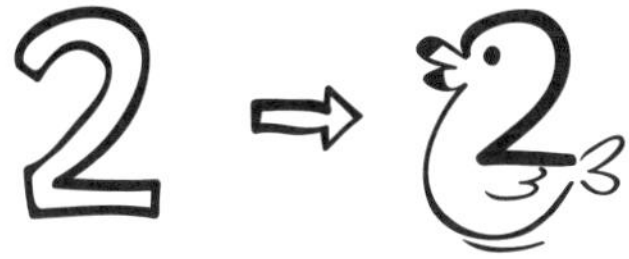

♪すうじのさんはなーに
　あかちゃんのおみーみ　（ふむふむ）
3 ➡

♪すうじのよんはなーに
　かかしのゆみーや　（ビュンビュン）
4 ➡

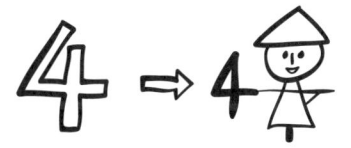

♪すうじのごーはなーに
　おうちのかぎーよ　（ガチャガチャ）
5 ➡

♪すうじのろくはなーに
　たぬきのおなーか　（ポンポン）
6 ➡

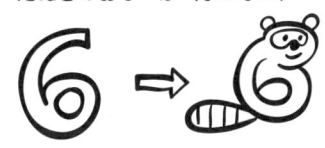

♪すうじのしちはなーに
　こわれたらっぱ　（ブーブー）
7 ➡

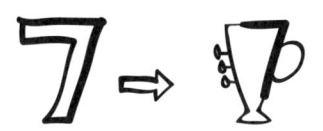

♪すうじのはちはなーに
　たーなのだるーま　（アップップ）
8 ➡

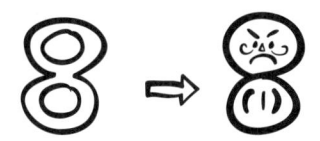

♪すうじのきゅうはなーに
　おーたまじゃくーし　（チョロチョロ）
9 ➡

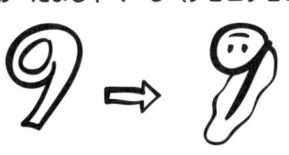

♪すうじのじゅうはなーに
　えんとつとおつきさま　（おしまい）
10 ➡

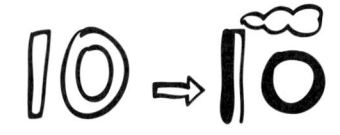

1 2 3 4 5 6 7 8

手・歌・言葉あそびで数・形を学ぼう

「だるまさんがころんだ」でかぞえよう

ねらい
- 指を使って、数が増えていくことを実感する
- 指で数を表す

昔ながらの「唱え言葉」です。「だ・る・ま・さ・ん・が・こ・ろ・ん・だ」と唱えると「10」かぞえられるようになっている、だれもが知っている言葉です。オニごっこなどで、楽しく早くかぞえるときに使われます。

こんな導入を

指を折って唱えてみましょう。
- ●両手でかぞえる
  「だるまさん」で5まで順番に指を立てていき、「がころんだ」で反対の手を使って10までかぞえます。
- ●片手でかぞえる
  親指から順に折っていき、次に立てていって10までかぞえます。

♪「だるまさんがころんだ」わらべうた

だ る ま さ ん が こ ろ ん だ

2章 あそびの中で楽しく数・形を学ぼう

自分の唱え言葉を作ろう

10の音でできた言葉を考え、指を折りながらみんなで楽しく発表しましょう。

例
てくてくさんぽしよう
ハンバーグだいすきだ
あさごはんたべすぎた
おやつはケーキとアメ
おべんとうたべたいな
せんせいにおこられた

唱え言葉オニごっこ

陣地のラインを1本引いておきます。オニを決めます（はじめは保育者）。
①オニは壁などに向かってみんなに背を向けて立ちます。
②オニでない子どもたちは陣地のライン上に立ち、「はじめの一歩」と言って一歩だけ前に出ます。
③オニは背を向けたまま、自分で作った「10の唱え言葉」を言います。
④その間、オニでない子どもたちは自由に動いてオニに近づきますが、オニが言葉を唱え終わって振り向いたら、どんな姿勢でも静止しなくてはいけません。オニは、動いている子がいたら名前を言います。
⑤名前を言われた子は、オニと手をつなぎます。オニは再び背を向けて、同じように繰り返します。だれかがオニの背中にタッチするか、「オニ切った」と言って捕まった子の手とオニの手を離したら、みんなで逃げます。オニは追いかけ、タッチされた子が次のオニになります。

数字を指で表そう「にとさんでにいさん」

手・歌・言葉あそびで数・形を学ぼう

ねらい ●指で数を表す

「2と3で、なあに？」「にいさん」というやり取りが、そのまま歌詞になっています。数字と数字を組み合わせて、楽しい歌詞をたくさん作ってみましょう。

こんな導入を

- 片手をパーにすると「5」、両手をパーにすると「10」。「では、みんなは何歳かな？ 指を立てて教えて」と聞いて、自分の年齢を指で表してみましょう。
- 1〜4番まで、歌詞のとおりに指を立ててみましょう。

♪「にとさんでにいさん」 作詞／湯浅とんぼ　作曲／中川ひろたか

1. に と さん　に と さん　に と さん　で な ー に
2. じゅう と さん　じゅう と さん　じゅう と さん　で な ー に
3. いち と ご　いち と ご　いち と ご　で な ー に
4. なな と し　なな と し　なな と し　で な ー に

(間奏)

に と さん　に と さん　に と さん　で に ー ー さん
じゅう と さん　じゅう と さん　じゅう と さん　で と ー ー さん
いち と ご　いち と ご　いち と ご　で い ー ち ご
なな と し　なな と し　なな と し　で な ー ー し

うたいながら数字を指で表そう

2チームに分かれて、1番から4番まで交互に問題を出し、それに答えるようにかけ合いでうたいます。例えば1番の場合なら、「2」と「3」の数字カードをホワイトボードにはって(または数字を書いて)、「2と3の歌ね」と確認してからうたいます。

1番

① ♪にとさん にとさん にとさんでなーに
  Aチーム 右手の指を2本、左手の指を3本立てて、問いかけるようにうたう。

② ♪間奏
  Bチーム 腕を組んで、考えるような動作。

③ ♪にとさん にとさん にとさんでにーさん
  Bチーム 答えるようにうたい、最後は指を立てて「にいさん！」と元気にうたう。
  同様に、4番まで交互にうたう。

問題を考えて替え歌でうたおう

グループごとに、数字を組み合わせて問題を考えます。名詞でなくてもOK。楽しい問題を考えてうたいましょう。

例
「2と9で問題を出します」と言ってから、指を立てながらうたいます。
「♪にとく にとく にとくでなーに」
「はい、わかったお友だちは？」
「肉！」などと、答えを出してからうたいます。
「♪にとく にとく にとくでなーに」
「♪にとく にとく にとくでにくー！」
ほかにも数字をいろいろ組み合わせて、楽しい歌詞を作りましょう。
「♪1と1で……いちいちうるさいなあ！」
「♪5と3で……ゴミ！」
「♪3と3で……あかちゃんのおみみ」
「♪8と3で……ハチさんブンブン」
「♪9と9で……きゅうきゅうしゃ！」など。

数・形 Q&A

回答者：和田信行先生（東京成徳短期大学幼児教育科教授）

Q2 集団指導の際、個人差が気になります。どのように対応すればよいでしょうか？

A 個に対応した言葉の投げかけと指導でフォローしましょう

　集団指導では、当然個人差が出てきます。しかし、できない子を個別に呼んで教え込むようなことをすると、算数の嫌いな子を生み出しかねません。

　それぞれの子どもがどれくらいわかっているのか、まずは、日々の活動やあそびの中で保育者が気をつけて見て、理解するようにしましょう。

　そして、例えば「3つ持ってきて」と言うと理解できるのに、「5つ持ってきて」と言うとわからなくなるという場合は、「じゃあ、4つ持ってきてね。3つに1つ足すといいんだよ。1、2、3、4」と、保育者が実際にかぞえてみせて、まず「4」を理解させるなど、その場で、個別に対応していくことが必要でしょう。

個に応じてレベルアップを

　幼児教育は、小学校での教育のように、一斉指導の中で教科書を使って、授業時間内に一定のことを全員に理解させようというものではありません。心身の発達には個人差があり、これまでに数や形にどのように触れてきたかという環境によっても、子どもの興味や関心はまちまちです。

　すべての子どもを一定レベルまで到達させるというのではなく、A君はここまで、Bちゃんはここまでというように、それぞれの子どもについて、少しずつ数や形の理解を引き上げていけるとよいですね。

3章

保育で使える カンタン手作り教材

子どもたちの数と形への理解を
より楽しくサポートするための
おススメ手作り教材です。
使い方も工夫しだい。
毎日の保育にぜひお役立てください。

時間でハトを出す「ハト時計」

カンタン手作り教材

ねらい ●時計の読み方を知る

短針と長針が動き、ひもを引くと窓からハトがのぞく、かわいい仕掛けの時計です。子どもたちと一緒に「ポッポッポッ……」と時間の数だけ言いながら、ひもを引っ張りましょう。

作ってみよう　材料

- 厚紙（A4～B4サイズ）
- 色画用紙（A4～B4サイズ）
- カッター　　■はさみ
- 丸シール　　■油性ペン
- 割りピン　　■接着剤
- 細い丸ゴムひも
- ひも　　　　■ガムテープ

①厚紙を家の形に切る。ハトが出る窓を切り抜く。
②文字盤用の色画用紙を丸く切り、丸シールに数字を書いてはる。
③厚紙で長針と短針を作り、それぞれに違う色を塗って、割りピンで②に留める。
④①に③をはる。
⑤厚紙でハトと持ち手を作り、図のように丸ゴムひもとひもを通す。
⑥④の裏に⑤をガムテープでしっかり留める。

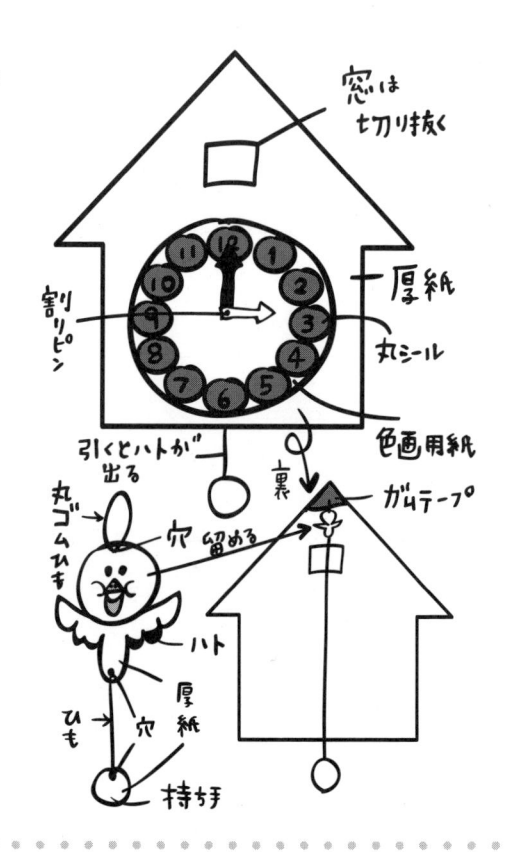

3章 保育で使えるカンタン手作り教材

こんなふうに使って

クイズ 「短い針は何時？」

時計の長針を12に合わせておきます。保育者が短針だけを動かし「はい、これは何時でしょう？」とみんなに聞きます。答えが出たら、みんなで時間の数だけ「ポッポッ……」と言います。

POINT

時計の数字を読む練習です。最初は短針を1、2……と順番に動かして、子どもに時間を聞きます。
慣れてきたら、短針をランダムに動かして聞いてみましょう。

ゲーム 「時間に集まれ」

壁面に1～10までの数字カードをはっておきます。
保育者は時計の短針を動かして、1～10時のどこかに合わせます。子どもたちは針を読んで、その時間と同じ数字カードの下に集まります。

カンタン手作り教材

かぞえてはろう「数のおうち」

ねらい
- 1対1対応
- 数をかぞえる

季節の草花、拾ってきた石、おはじきなど、質感の違う物を1～5までかぞえながらくっつけるのが楽しいおうちです。子どもたちがグループごとに、くっつける物を探して持ってくるようにします。

作ってみよう　材料

- 厚紙（A4サイズ）
- 色画用紙（A4サイズ）2色
- カッター　■はさみ　■接着剤
- 油性ペン　■丸シール
- 両面テープ　■リボン
- ガムテープ
- くっつける物
  （小枝、小石、ゼムクリップなど）

① 厚紙と色画用紙を家の形に切る。
② 色画用紙に1～5の数字を書いた丸シールをはり、下線を引いて、数字と同じ数の窓を切り抜く（右図参照）。「かずのおうち」と書いてもよい。
③ 厚紙に両面テープをはり、シールをはがさないでツルツル面を残す。
④ 別の色の画用紙で②に屋根を作ってはり、裏にリボンをガムテープではる。
⑤ ③と④を重ねて接着剤ではる。

POINT

保育者も、くっつける物として、質感の違う子どもが興味をもちそうな物を日頃から集めて、箱などに入れておきましょう。

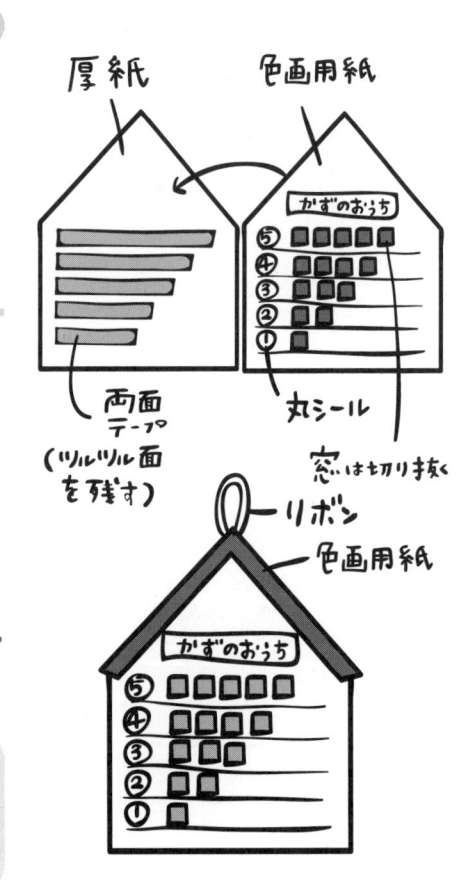

こんなふうに使って

「数のおうち」は子どもたちがいろいろな物をペタペタくっつけたり、かぞえたりできる位置にかけておきます。
くっつける物には、両面テープか輪にしたセロハンテープをつけるよう、子どもに伝えましょう。

同じ物集め

「数のおうち」に何かをくっつけるときは、「5階には同じ物を5個」というように、「階数の数字と同じ数だけ同じ物をくっつける」ことを約束します。5階はクリップが5個で「クリップ屋さん」というように、お店屋さんごっことしてもあそべます。「1つ売れたから4になった」「また1つはったから5になった」と、足し算、引き算への足がかりになります。

グループでペタペタ

グループに1つずつ「数のおうち」を用意します。散歩に行ったときに小石や葉っぱなど、おうちにくっつける物を探してきます。そしてグループごとに「1階には1だね」「2階には2だよ」とかぞえながら、集めた物をおうちにはります。

POINT

- 長い、小さい、冷たい、フワフワ、ザラザラ、ツルツルなど、大きさや質感の違う物を意識的に集めておうちにくっつけると、「3階はどんな感じ？」「ザラザラだね」のように、感覚を表現する言葉あそびとしても楽しめます。
- 1〜5に慣れて理解できたら、10までに増やしてもよいでしょう。

長さと高さを測る マス目ものさし

カンタン手作り教材

ねらい
- 長さ・高さを測る
- 数をかぞえる

正方形のマス目を並べたものさしで、物の長さや高さを測り、「正方形何個分」かを知ります。一般のものさしの前段階として、あそび感覚で長さを測ることに親しみます。

作ってみよう

材料 ■厚紙 ■はさみ ■油性ペン

マス目ものさし（個人用） ▶ 厚紙を5×30cmに切り、5cmの正方形のマス目が6個並ぶように線を入れる。マス目に1〜6までの数字を書いてもよい。

マス目身長計（クラス用） ▶ 厚紙を5×160cmの長さにし、5cmの正方形のマス目が32個並ぶように線を入れる。マス目に1〜32の数字を書いてもよい。

はかりっこカード ▶ 厚紙に縦2列の表を作り、左の列に測る物を書いておく。

こんなふうに使って

「はかりっこカード」に書かれた物を測って、カードにマス目の数を記入し、どれが一番長いかを考えます。
絵本、クレヨンの箱、机、椅子の高さ、身長など、いろいろな物を測ってみましょう。

POINT

- 「マス目ものさし」で長さや高さを測ったとき、正方形が何個分かがわからない子には、個別に対応します。子どもと一緒に元気よく「1、2、3！」とかぞえるようにします。
- 数が合っていなくても、子どもの測ろうとする気持ちを尊重します。

3章 保育で使えるカンタン手作り教材

カンタン手作り教材

数字パズル

ねらい ● 数字の形を知る

ばらばらになったピースを組み合わせて数字を作るジグソーパズルです。正しい数字を何度も見ながら、パズルを組み合わせてその形を作ることに集中するため、数字の形をしぜんに覚えます。

作ってみよう　材料

- 厚紙
- はさみ
- カッター
- 接着剤
- 油性ペン

① 厚紙を図のように切り抜いて、枠とピース用にする。
② 枠は同じ大きさの厚紙とはり合わせる。
③ ①で切り抜いたピース用の厚紙に数字を書き、4～6ピースに切る。
④ 同じように、1～10までの数字で作る。

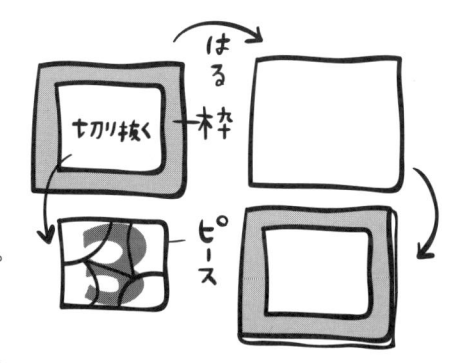

こんなふうに使って

普通のジグソーパズルのようにあそびます。2人で、決めた数字をどちらが早く正しく完成させられるか、競争してもよいでしょう。
パズルは、ばらばらにならないように箱に入れて、いつでも使えるようにしておきましょう。

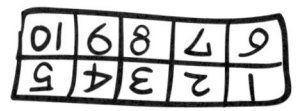

POINT
- 数字ごとに色を変えておくとわかりやすいです。
- 子どもが参照できるように、パズルと一緒に1～10までの数字表も用意しておきます。

隠れたネコは何匹？ちょこっとシアター

カンタン手作り教材

ねらい ●隠れている物をかぞえる

簡単な劇を楽しみながら、隠れているネコの数を考えます。5匹のネコのうち、見えているネコ、見えていないネコの数をかぞえることは、引き算の感覚につながります。

作ってみよう　材料

- 厚紙
- 色画用紙
- セロハンテープ
- はさみ
- 油性ペン

①厚紙を半円形に切り、草花などをかく。
②色画用紙に5種類のいろいろな表情のネコをかいて、図のように①にはる。
③イヌは厚紙で作り顔と尾をかく。

3章　保育で使えるカンタン手作り教材

こんなふうに使って

保育者の「ちょこっとシアター」のお話を聞きながら、見えているネコや見えていないネコの数をかぞえます。

①「ちょこっとシアターのはじまりはじまり〜」
「あるところに、5匹のネコがいました」
1、2、3……とかぞえながら、ネコを1匹ずつ立てる。

②「ぼくたち、これからかくれんぼ」
と言いながら、ネコを1匹ずつ倒して隠す。途中で、
「今、何匹のネコさんが隠れたかな？」と聞く。

③ネコをすべて隠したら、イヌを出して、
「おーい、ネコちゃん出ておいで。ここかな？ ワン」
とネコが隠れたあたりでイヌがほえる。
「見つかっちゃったニャー」
と、ネコを1匹立てる。

④「ほかのネコちゃんはどこかな？ おーい、ネコちゃん出ておいで。ここかな？ ワンワン」
「見つかっちゃったニャー」
と、もう1匹ネコを立てる。以下同じように繰り返す。途中で保育者は「あと何匹のネコちゃんがいるかな？」と聞き、子どもが答えたら、残りのネコを立てる。

POINT

見えていないネコの数をかぞえるのが難しいときは、裏側を見せましょう。ネコが見えるので、数をかぞえることができます。

動物マンション どこの部屋？

カンタン手作り教材

> **ねらい** ●位置関係を把握する

マンションに住む動物たちの位置を、「下(上)から何番目の左(右)」と表現できることを知ります。自分のロッカーや靴箱の位置なども、同じように表現できるようになります。

作ってみよう　材料

- 段ボール（A3くらいの大きさ）
- 色画用紙
- はさみ
- 油性ペン
- 接着テープ付き面ファスナー
- 接着剤

① 段ボールを図のようなマンションの形に切り、窓枠をかいてその中に面ファスナーをはる。
② 色画用紙で屋根を作り、①の段ボールの屋根の部分にはる。扉も色画用紙で作り、①の窓にはる。
③ 色画用紙に8種類の動物をかき（ラミネートしておくと、丈夫で長く使える）、裏に面ファスナーをはる。
④「みぎ」「ひだり」はわかりにくいので、マンションに表示しておく。

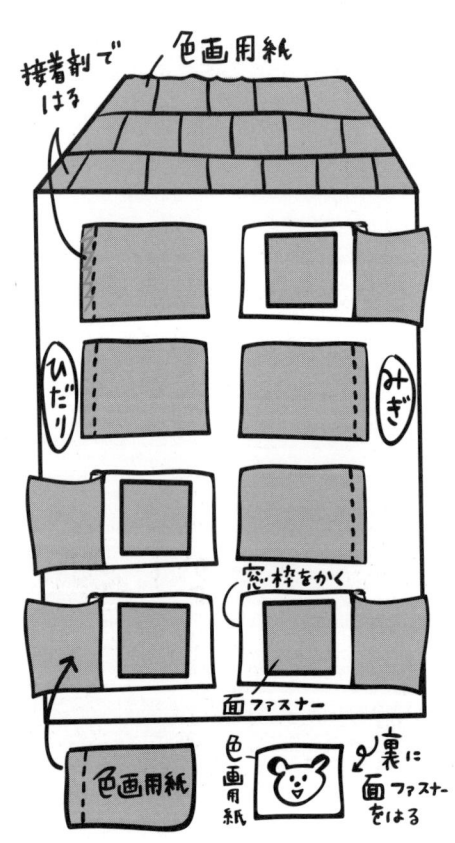

3章 保育で使えるカンタン手作り教材

こんなふうに使って

そのお部屋はだれの部屋？

8種類の動物を窓にはっておき、扉を開けて「ウサギちゃんは、下から何番目？」などと聞きます。

引っ越しお手伝い

保育者は「イヌくんが引っ越してきました。上から2番目の、左のお部屋に入ります。どこかな？」のように質問し、子どもはその場所の窓に動物をはります。

数・形 Q&A

回答者：和田信行先生（東京成徳短期大学幼児教育科教授）

Q3 小学校入学までに、数についてどこまでわかっていればよいでしょうか？

A 数の感覚が育っていれば大丈夫です

「5＋4＝9」のようなことは、6〜7歳くらいになり、抽象的な認識ができるようになってはじめて理解できることです。そのための準備としては、幼児期に「5人の男の子と4人の女の子」などのように、目に見える具体物を通した数の感覚をたくさんもっておくことが必要です。

具体物を通したあそびや経験をせずに育ってしまった子どもは、小学校に入って「5＋4は？」などと聞かれても、まったくイメージができません。逆にあそびや経験の中で具体物を通して数をイメージする機会がたくさんあった子どもは、小学校の授業の中で段階を踏んでいけば、算数がすーっと理解できていきます。

園での生活・あそびの中で、子どもたちに具体物を通した数の体験・経験をいかにたくさんさせるかということが、プロの保育者の役割だと思います。

無理に教え込んだりするのはやめましょう

発達段階の途中にあり、まだ準備が整っていない幼児期の子どもが、保育者や保護者に「10まで書きなさい」「100まで書きなさい」などと言われたら、それだけで算数がいやになってしまいます。

小学校に入る前に、具体的に「ここまでできなくてはいけない」というものはありません。むしろ、入学前に苦手意識を植え付けてしまうといけませんから、無理に教え込まないほうがよいでしょう。

数が、自分たちの生活に密着しているということがわかれば、十分だと思います。

付録

数と形を教えるための基礎知識

幼児期の数・形への理解度を知って、
毎日の生活・あそびの中に取り入れるようにしましょう。
子どもが数・形を身近なものと感じ、
「もっと知りたい」「使いたい」と
思えるようにしていくことが重要です。

付録

数と形の認識と発達

数や形に対しての子どもたちの理解には個人差があります。理解度は、子どもの興味のもち方や生活環境に大きく左右されますから、年齢による到達度にこだわり過ぎないようにし、1人ひとりの発達を見るようにしましょう。

数 を唱える

数を唱えるとは、例えば、お風呂に入っているときに、「いち、に、さん……」と声に出して言うことです。これはかぞえているというよりも、言葉の一部として口ずさんでいるのです。

物の数を正しくかぞえられるようになるには、その前段階として数を順序どおり唱えられることが必要です。園では、鉄棒にぶら下がっているとき、かくれんぼのときなど、子どもが数を唱える場面をたくさん用意しましょう。

物 を並べる

子どもは並んでいる物が好きだったり、自分でも何かを並べようとしたりします。そして、数を順序どおり唱えることに慣れている子は、並んだ物を見て、しぜんに「いち、に、さん……」と言うようになります。

子どもが砂場の縁に泥団子を並べたときなど、一緒に指さしながら「いち、に、さん……」と口ずさむようにするとよいですね。

付録　数と形を教えるための基礎知識

数をかぞえる

　数を順序どおりに唱えることができたとしても、数とかぞえる物とをひとつひとつ対応させることは、まだ難しいです。まずは、大きさや形が同じ物をひとつひとつ動かしながら、「いち、に、さん……」と唱えてみましょう。

　そして、例えばはさみ3本を指さしながら「いち、に、さん」と唱えたときに、最後の数「さん」がはさみの本数だとわかるように、保育者は意識して「はさみは全部でいち、に、さん、3あったね」のように声をかけます。

　音や日数など、目に見えないものをかぞえるのは、子どもにとってはさらに難しいことです。あそびの中でどんどん体験できるようにしましょう。

「2」「3」を理解

　「これ2つね」「これ3つね」といろいろな物をかぞえて渡していると、子どもは数を言葉と結びつけてイメージし始め、自分から何かを「2つ」「3つ」取ることができるようになります。

　十分に体験を積むと、おはじき3つのうち、2つを手で押さえて「いくつ隠した？」と聞くと、残りが1つなのを見て、「2つ」と答えることができます。また2つのおはじきを見せて「3つにしてごらん」と言うとおはじきを1つ足すなど、3の合成・分解ができるようになります。

「4」を理解

　「3」を理解し始めたころの子どもが、「4」以上をきちんと理解するためには、かぞえる経験をもう少し積む必要があります。いろいろな場面で「4」を確かめていくうちに、「4」のイメージができるようになっていくのです。

　例えば、園で4人ずつのグループで座らせると、持ち物や材料を4ずつかぞえてまとめる機会が多くなります。これは、子どもの「4」のイメージ形成を助け、また保育者にとっても、どの子どもがどれだけわかっているかを観察できるというメリットがあります。

大きさや重さなどを比べる

「大きい・小さい」「重い・軽い」「長い・短い」などについては、具体的に物を比較させることにより、そのイメージが深まり理解につながります。「どっちが大きい？」「どっちが重い？」などと声をかけ、生活の中で2つの物を重ねたり、持ち上げたりして比べることをたくさん経験させましょう。

「長さ」「高さ」に関しては、比べる物の端がそろっていないときには、子どもにさりげなく伝えて注意を促します。子どもが慣れてきたら、リボンなどを使って、2つの物を比べるようなあそびを取り入れてもよいでしょう。

●■▲●▲■●

「0」の意味を知る

「0」という数は、歴史上で見ても発見されるのが遅かった数です。まずは、具体的な体験を通して「0」という数に触れさせましょう。

例えば、ドッジボールをして、どちらか一方のチームのメンバーがみんなボールに当たり、だれもいなくなった状態が「0」というように、「何もない」＝「0」なんだよ、ということを伝えていくとよいでしょう。

●■▲●▲■●

形を知る

子どもの幾何図形の理解は、丸→四角→三角の順に進みます。その理解を促すには、あそびの中でいろいろな形を経験させましょう。

例えば三角形なら、正三角形だけでなく、平べったい三角形や細長い三角形など、形、大きさ、向きなどが違ういろいろな三角形を作ったり探したりするあそびを取り入れたり、形について子どもが説明する機会を作りましょう。そのとき、一見すると三角形に見えるけれど三角形でない形、例えば、角が閉じていないものや辺がカーブしているものもまぜておくとよいでしょう。そうすることで、三角形の特徴に子どもの目を向けさせることができます。

丸や四角についても同様の機会を作りましょう。

付録　数と形を教えるための基礎知識

数の保存・量の保存

簡単に言うと、「ある物の数・量は、見かけが変わっても、元の数・量と同じ」ということです。

例えばコップを5つずつ2列に並べます。同じ間隔で並べて、「どっちが多い？」と聞くと、子どもは「同じ」と答えます。次にどちらか一方の列のコップとコップの間隔を広げて、同じ質問をすると、間隔を広げたほうのコップの数が「多い」と答えます。

また、同じ形のビンに入ったジュースの量は同じだとわかっても、1本の中身をより細く背の高いビンに移し替えると、高いビンのジュースのほうが量が多いと勘違いします。

これらの例は、子どもが「数の保存・量の保存」を理解していないために、見た目にだまされてしまっていることを意味します。

園では、泥団子を作ったときなどに、同じ数ずつ2列に並べ、間隔を広くしたり狭くしたりして数を確かめたり、同じ量だけバケツに入れた水をいろいろな形の容器に移し替え、容器の高さが違っても水の量は同じだということを実際に目で見て体験させたりするとよいですね。

● ■ ▲ ● ▲ ■ ●

空間の把握

「上下」「前後」の感覚は比較的早くから形成されますが、「左右」の感覚は幼児には身につけにくいものです。

左右を理解させるために、右手と左手の区別がつくようにしてみるのも1つの方法です。例えば、朝の出欠確認のとき、名前を呼ばれたら「はい」と右手を挙げるように指導します。毎日やっているうちにどちらの手が右手かを覚え、その反対の手が左手とわかるようになります。

「上下」「左右」が理解できたら、自分のロッカーは「下から2番目、左から3番目」など、子どもに位置を細かく表現させてもよいでしょう。

参考文献：中沢和子『幼児の数と量の教育』国土社

付録

保育所保育指針 &
幼稚園教育要領の解説

幼児期の数・形の学びについて、2009年4月1日施行の「保育所保育指針」「幼稚園教育要領」ではどのように位置づけられているか、該当箇所を抜粋し解説します。

※「保育所保育指針」と「幼稚園教育要領」の内容がほぼ同じものについては、「保育所保育指針」の文面で紹介しています。

> 「周囲の様々な環境に好奇心や探究心を持って関わり、それらを生活に取り入れていこうとする力を養う。」
> ＜保育所保育指針 第三章保育の内容 1保育のねらい及び内容
> （二）教育に関わるねらい及び内容 ウ環境＞
> ＜幼稚園教育要領 第2章ねらい及び内容 環境＞

「気づき」が好奇心や探究心になり、
「便利だな」「おもしろいな」という気持ちが
生活へ取り入れる力になります。

形への関わり

例えば園生活の中で大型積み木を片づけるときに、「どうしたらきれいに片づけられる？」「同じ形のものを積んでいけばきれいにそろうね」というような、子どもの気づきを促す言葉かけをすることが、形への好奇心や探究心につながっていきます。

「物にはいろいろな形があるんだな」「形を合わせると変わっていくんだな」という子どもの好奇心をとらえ、「どんな形になるか合わせてみよう」などとより積極的に考える場面に転換し、実際にやってみる機会を増やしましょう。

数への関わり

ゲームでサイコロを振って「5」が出ると「5つ」駒を動かせるなど、数字と数が連動していることに子どもが気づくと、「数字って便利だな、おもしろいな」という思いにつながっていきます。

付録　数と形を教えるための基礎知識

　数を使うと「楽しいし便利だな」という感覚が身につくと、「物を分けるときに分けやすい」「勝ち負けを決めるのに便利」「1つと1つを対応させていくと、どちらが多いか比べられる」と、数が生活に密着していることを子どもなりに理解していきます。
　保育者がこのような場面をたくさん設定していくと、子ども自ら、生活やあそびの中で数を積極的に活用しようと考えるようになります。

> 「身近な事物を見たり、考えたり、扱ったりする中で、
> 物の性質や数量、文字などに対する感覚を豊かにする。」
> 　　　　　　　　　＜保育所保育指針　第三章保育の内容　1保育のねらい及び内容
> 　　　　　　　　　　　　　（二）教育に関わるねらい及び内容　ウ環境　（ア）ねらい③＞
> 　　　　　　　　　＜幼稚園教育要領　第2章ねらい及び内容　環境　1ねらい（3）＞

具体物と数を連動させた活動によって、数量の感覚が豊かになります。

　子どもは最初、数というものを感覚でとらえることができません。1〜100までかぞえることはできても、「50」というのがどれくらいの大きさを表すのかは、とらえることができないのです。それが理解できるようになるためには、ドリル帳で「1、2、3……」と書くような学習ではなく、具体的な場面、具体的な物で数に触れていくことが必要です。
　例えば「みかんを4個、持ってきて」と言われ、実際にみかんを見てかぞえ、手に取ることで、「あ、これが4なんだ」とわかります。玉入れをして、ゲームの最後に「1、2、3、4……」とかぞえ、「すごい！　30個も入ったんだね」と言うと、「30って、これくらいなんだ」と実感できるのです。
　また、生き物カードを並べて、「足が4本あるのはどれだ？」「馬」「ニワトリは2本だ」と会話するなど、具体的な絵と数が一致するようなカードあそびもよいでしょう。
　さらに、子どもたちが並んでいるときに、「右から3番目」とはどの子のことか、実際に子どもを指さしながらかぞえる。赤グループと白グループの子どもの人数を比べるときに、どっちが多いか少ないか、1対1対応させて考える。こういう場面に繰り返し出会うことで、数の感覚が養われていきます。
　子どもが具体物に接する中で、保育者が数に関する適切な言葉かけをしていくと、子どもは頭の中で数の大きさをイメージできるようになります。ですから、あそびや活動の中に、物と数を対応させる経験をたくさん取り入れるようにしましょう。子ども自身が「見て」「考えて」「体験する」ことで、数量の感覚が豊かになり、小学校での学習の土台になります。

> 「日常生活の中で数量や図形などに関心を持つ。」
> 　　　　　　　＜保育所保育指針　第三章保育の内容　1保育のねらい及び内容
> 　　　　　　　　（二）教育に関わるねらい及び内容　ウ環境（イ）内容⑩＞
> 　　　　　　　＜幼稚園教育要領　第２章ねらい及び内容　環境　２内容（８）＞
>
> 「数量や文字などに関しては、
> 　日常生活の中で幼児自身の必要感に基づく体験を大切にし、
> 　数量や文字などに関する興味や関心、感覚が養われるよう
> 　にすること。」
> 　　　　　　　＜幼稚園教育要領　第２章ねらい及び内容　環境　３内容の取扱い（４）＞

保育者は「意識した」言葉かけと たくさんの活動を用意しましょう。

　子どもが日常生活の中で数量や図形に関心をもつためには、まず、保育者があそびや生活の中で積極的に言葉をかけていくことが重要です。

　例えば、「モルモットにえさを５個あげよう」「アサガオの花が３つ咲いたよ」、積み木を片づけるときに「三角と三角を合わせて四角にしたら、きれいに片づいたね」など、数や形への注意を促すような言葉を投げかけます。保育者が意識して、数や形についてたびたび口にしていれば、子どもも数や形を身近に感じるようになり、「アサガオの花、今日は２つ咲いてたよ」「丸い積み木は、箱にぴったりにならないね」などと言ったりするようになります。

　このように、保育者が子どもたちに数や形に関心をもたせようと意識して関わることで、子どもの学ぶ環境が大きく広がります。

　また、「幼児自身の必要感に基づく体験」とは、例えば「ジャンケン列車」ゲームで最後に２列になると、見ただけではどちらの列が長いかわかりません。そんなとき「人数が多いほうが勝ちよ」と保育者が言葉をかけることにより、子どもは勝ち負けを決めるためにはそれぞれの列の人数をかぞえなければならないことに気づきます。

　このように、子どもがしぜんに数や形を使う必要性を感じ、そのことに興味をもつようなあそびや活動を取り入れていくことも、保育者の大切な役割です。

監修：和田信行先生（東京成徳短期大学幼児教育科教授）

●グループこんぺいと（編著）
保育現場をもちながら企画編集するプロダクション。
東京都世田谷区において、子どものスペース「台所のある幼児教室」を運営。
http://www.compeito.jp

●ご協力いただいた先生
和田信行（東京成徳短期大学幼児教育科教授）
榊原知美（東京学芸大学国際教育センター講師）

イラスト：セキ・ウサコ　chao
編集協力：太丸ミヤ子
楽譜版下：石川ゆかり
デザイン：ハセ チャコ　那須紀子

あそんで学ぶ 数・形

2009年9月5日　初版発行

編著者　グループこんぺいと
発行者　武馬久仁裕
印　刷　株式会社　太洋社
製　本　株式会社　太洋社

発 行 所　　　　　株式会社　黎明書房

〒460-0002　名古屋市中区丸の内3-6-27 EBSビル
　　　　☎ 052-962-3045 Fax 052-951-9065　振替・00880-1-59001
〒101-0051　東京連絡所・千代田区神田神保町1-32-2
　　　　　　　南部ビル302号　　☎ 03-3268-3470

落丁本・乱丁本はお取替いたします　　　ISBN978-4-654-00106-4
©Group Compeito 2009, Printed in Japan
日本音楽著作権協会（出）許諾第0908562-901号

活動を始める前の
ちょこっとシアターBEST41
グループこんぺいと編著
A5・93頁　1600円

幼稚園・保育園のクラス担任シリーズ④　子どもたちが集中しないときに大活躍の、子どもたちの心をギュッとつかむ簡単シアターを、そのまま使える言葉かけとともに紹介。

0〜5歳児の
カンタン劇あそびBEST13
グループこんぺいと編著
A5・93頁　1600円

幼稚園・保育園のクラス担任シリーズ⑤　演じる子どもも見る保護者もワクワクする、書き下ろしの劇あそび。衣装、大・小道具の作り方、台本、上演の手引き、楽譜付き。

ピアノがなくても楽しめる
リズムあそびBEST40
グループこんぺいと編著
A5・93頁　1600円

幼稚園・保育園のクラス担任シリーズ⑦　なじみのあるリズムあそびや歌を使った、あきずに楽しめる新しいあそび方を紹介。発表会でも活用できる日常のリズムあそびなど。

今すぐできる0〜5歳児の
言葉あそびBEST40
グループこんぺいと編著　横山洋子執筆
A5・93頁　1600円

幼稚園・保育園のクラス担任シリーズ⑨　さまざまな言葉との出会いの機会をつくる、毎日の活動や行事に使える発達に合わせた言葉あそびを紹介。やまびこしりとり／他。

クレヨンからはじめる
幼児の絵画指導
芸術教育研究所監修　松浦龍子著
B5・64頁（カラー24頁）　2000円

保育のプロはじめの一歩シリーズ①　3〜5歳児が楽しく絵を描くための指導のプロセスを紹介。草花や食べ物を題材に、クレヨンをはじめ絵の具、色鉛筆を使った指導法を解説。

幼児の絵画指導
"絵の具"はじめの一歩
芸術教育研究所監修　松浦龍子著
B5・64頁（カラー24頁）　2000円

保育のプロはじめの一歩シリーズ④　点描を中心とした指導で、質感のある素敵な絵が誰でも描けるようになる。いも掘りのさつまいも／みんなで飼っている大好きなうさぎ／他。

子どもを動かす魔法のゲーム31
付・じょうずに子どもを動かす10のヒント
斎藤道雄著
B6・93頁　1200円

黎明ポケットシリーズ①　幼児が集中するゲーム、あとかたづけを覚えるゲームなど、子どもたちの興味をひき、楽しく遊びながら目的を達成させる魔法のゲームを紹介。

こう言えば子どもがじょうずにできる
魔法のことば40
斎藤道雄著
B6・100頁　1200円

黎明ポケットシリーズ②　あいさつをする、順番を守るなどのことを幼児が心からできるようになることばや、前転やとび箱がじょうずになることばのかけ方などを紹介。

表示価格は本体価格です。別途消費税がかかります。